绵阳经济技术开发区年鉴

MIANYANG ECONOMIC AND TECHNOLOGICAL DEVELOPMENT AREA ALMANAC

2017

绵阳经济技术开发区年鉴编纂委员会　编

方志出版社
Publishing House of Local Records

2016 年 8 月 22 日，江西省政协副主席、民进江西省主委汤建人一行到经开区深入长虹电源、旭虹光电、积家工业园等企业参观考察

2016 年 3 月 3 日，市委书记彭宇行到绵阳农科院、雪宝乳业调研

2016 年 12 月 5 日，市人大常委会主任马华到经开区视察经济社会发展情况

2016 年 7 月 4 日，市委副书记、市长刘超到二环路松垭段施工现场调研

2016 年 3 月 1 日，德阳市党政代表团来绵考察期间到绵阳经开区参观长虹电源公司

2016 年 5 月 22 日，省政府督察组到绵开展稳定经济增长重点项目、重点企业专项督导，到经开区查看旭虹光电、华晨瑞安项目

2016 年 12 月 8 日，省投资促进局副局长戴绍泉来绵阳经开区调研旭虹光电项目推进情况

2016 年 11 月 24 日，市委常委、宣传部部长张学民到经开区检查文明城市建设工作

2016年1月26日，市委常委、组织部部长岳勇到经开区调研产业发展和基层组织建设工作

2016年2月1日，市政协副主席沈其霖带领市慰问团一行到经开区看望慰问困难群众

2016年11月3日，绵阳经开区召开领导干部大会，区党工委副书记、管委会主任赵明君到任，市委常委、组织部部长岳勇送任

重大项目建设

ZHONG DA XIANG MU JIAN SHE

2016年11月30日，全市项目投资现场会与会领导到经开区视察华晨瑞安项目建设情况

2016年12月2日，长江经济带东、西部国家经开区代表团到绵阳经开区考察，区党工委书记毛一兵、区党工委副书记、管委会主任赵明君陪同

2016 年，雄晖化工项目主体建成

2016 年，利尔化学项目加快建设

2016 年，长虹信息物流园建成

2016 年，金达诺项目建成完工

科技进步发展
KE JI JIN BU FA ZHAN

2016年11月10日，绵阳经开区容创孵化中心开园

旭虹光电省级企业技术中心新产品研发——熔样试验

2016 年，智汇谷众创空间获得国家级众创空间授牌

2016 年 11 月 16 日，经开区开展双创周活动路演

利尔化学实验室

2016年11月10日，区党工委书记毛一兵、市科知局领导、市工研院领导一行参观经开区双创主题活动周室内展厅

代表企业商标名录

电子信息产业

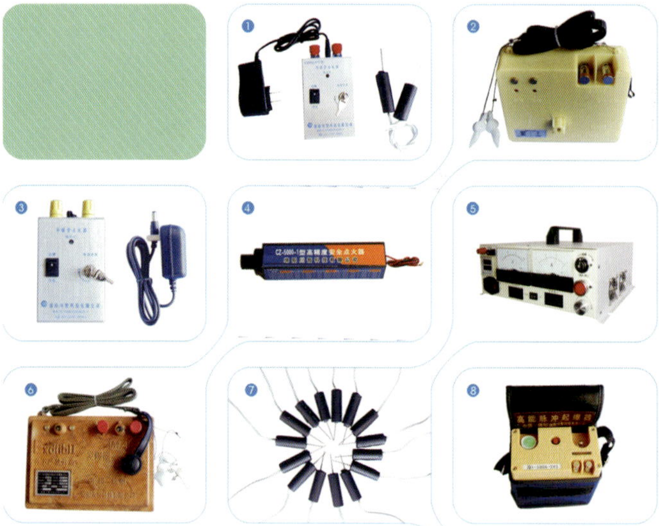

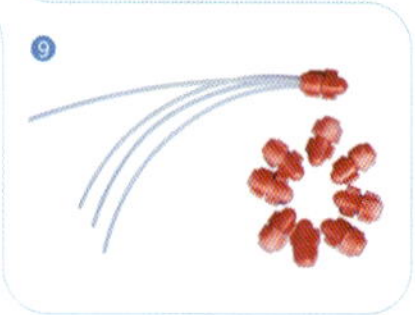

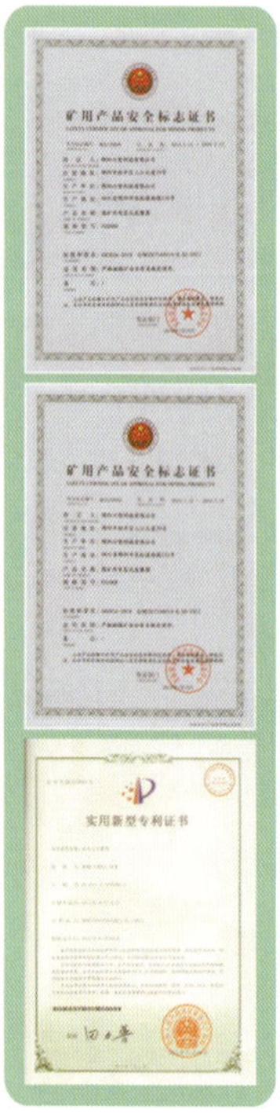

❶ 导爆管击发器
❷ 非煤矿用电容式发爆器
❸ CZD-1型军用雷管起爆器
❹ 高精度安全点火器
❺ CZ-450油气井专用起爆仪
❻ 煤矿电容式发爆器
❼ 起爆针
❽ 高能脉冲起爆器
❾ 四通链接体

绵阳川智科技有限公司

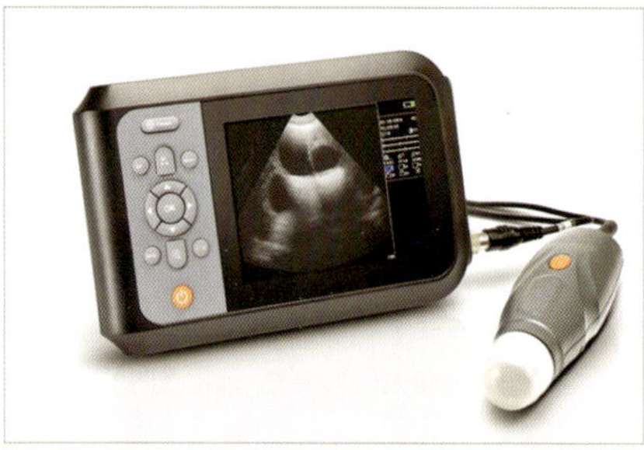

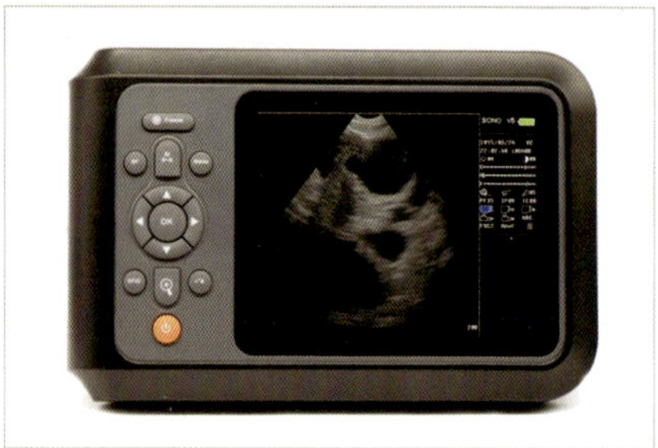

绵阳市佳春电子科技有限公司

产品应用

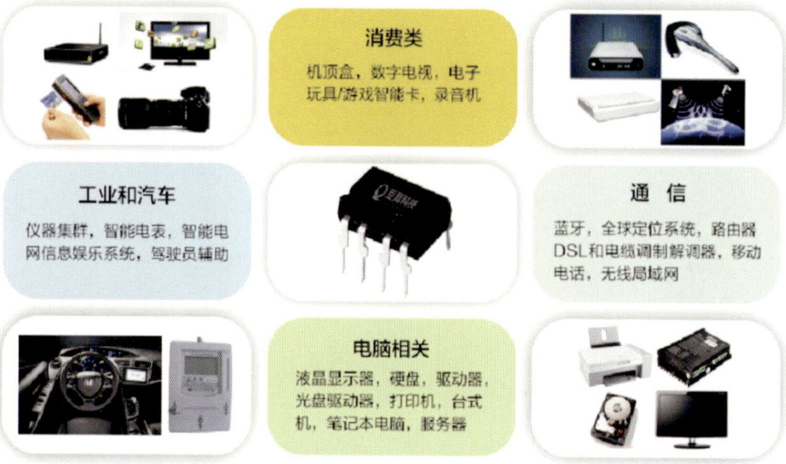

四川省豆萁科技股份有限公司

四川旭虹光电科技有限公司

化工环保产业

禾大西普实验室

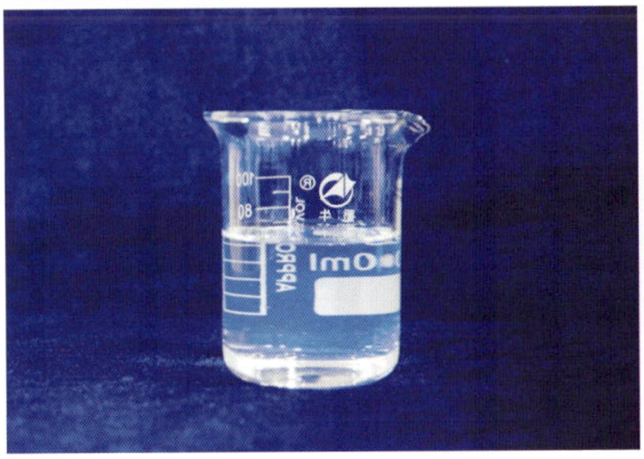

四川日普精华有限公司

利尔化学培育中心

四川同舟化工科技有限公司

机械制造及汽车零部件产业

四川长虹技佳精工有限公司

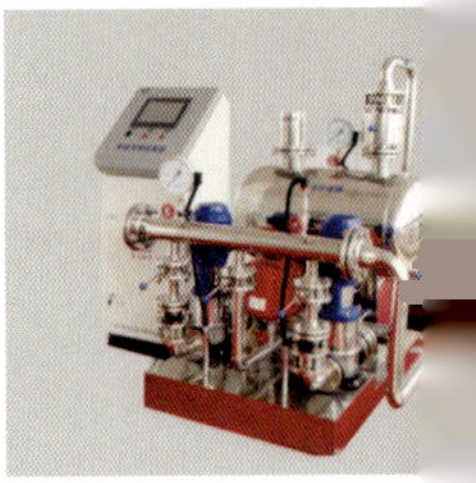

四川阳光水务工程设备有限公司

华晨瑞安汽车零部件有限公司

四川绵阳好圣汽车零部件制造有限公司

幸福美丽新区

XING FU MEI LI XIN QU

绵阳机场

一号桥（三江大桥）

二环路

绵阳经开区乡村少年宫展馆

群众文化生活

QUN ZHONG WEN HUA SHENG HUO

2016 年 5 月 17 日，庆“五一”职工篮球比赛

2016 年 11 月 17 日，职工乒乓球比赛

迎新春职工文艺汇演

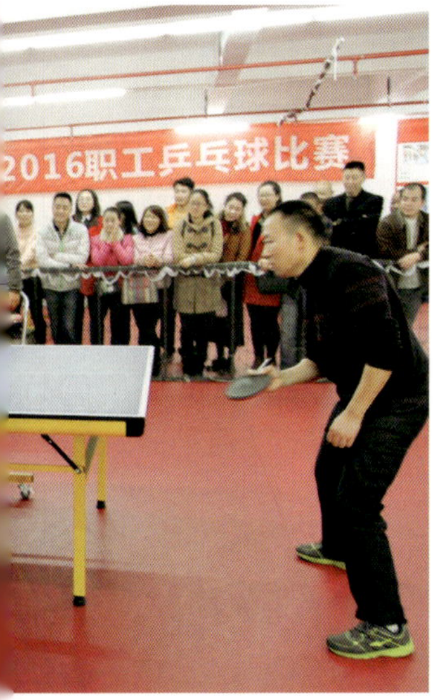

“学雷锋”志愿服务活动

俏花旦

2016 年 2 月 26 日，“春风送岗位—四项承诺”招聘会

2016 年 10 月 12 日，“法润天府·法治文艺进万家”经开区文艺巡演

绵阳经开区 2016 年电子商务培训

城南街道太极拳爱好者晨练

学校三大球比赛

文物保护

WEN WU BAO HU

六一堂

肖杨氏节孝坊

拱辰塔

《绵阳经济技术开发区年鉴》编纂委员会

《绵阳经济技术开发区年鉴》编辑部

《绵阳经济技术开发区年鉴》（2017）提供资料人员

（按姓氏笔划排序）

王进林	王敬溶	文　田	邓　飞	左海豹	卢苏姝
冉琴琴	母贤春	任安斌	向海波	郑　丹	张亚婷
马　宇	闫石泉	阳　平	杨　敏	杨翔凯	肖琪川
吴　宇	何　刚	周　阳	邹　斌	宋　涛	张　娟
张　骞	喻珊珊	张丽娟	周　杰	张竞文	陈紫琪
陈镜蔚	苟　莉	郁　江	岳筱满	胡　浩	王维亚
黄军杰	蒋雪琴	惠　慧	喻珊珊	蒲美西	谭应龙
熊　伟					

编辑说明

一、《绵阳经济技术开发区年鉴》由中共绵阳经济技术开发区工作委员会、绵阳经济技术开发区管理委员会主办，绵阳经济技术开发区年鉴编委会编纂。2016 年创刊，每年出版一卷。《绵阳经济技术开发区年鉴（2017）》为第 2 卷，上下限时间为 2016 年 1 月 1 日至 12 月 31 日，“特载”与首次刊载的部分资料时间有延溯。

二、本年鉴以马克思列宁主义、毛泽东思想、邓小平理论、“三个代表”重要思想、科学发展观和习近平新时代中国特色社会主义思想为指导，坚持辩证唯物主义和历史唯物主义的立场观点，全面、系统、客观记载绵阳经济技术开发区（简称绵阳经开区）辖区年度内自然、政治、经济、文化和社会等方面的基本情况与重大事件。力求为区党工委管委会机关部门、单位、驻区机构、社会各界人士，以及中外投资者了解和研究绵阳经开区提供丰富、翔实的地情资料。

三、本年鉴分类编辑，分类目、分目、条目三个层次，设有图片专辑、特载、大事记、综述、研发平台、特色产业、民生产业、科学技术、平台公司建设、招商引资、党务政务、人民团体、交通运输、财税·审计、园区建设与管理、社会生活等 23 个类目。

四、全书条目标题统一用黑体字加【】表示，正文为 5 号字体。全书有中英文目录（英文至类目）、索引，具有较完善的检索系统。在排版上，全书采用双栏排版，双页书眉为书名，单页书眉为类目标题。书页码在书脚左右角，并加色条。文中部分单位机构名称进行简称，请参照“绵阳经开区部门单位名称全称简称对照”表。

五、本年鉴所载稿件，均由绵阳经开区有关职能部门提供，并经过严格审核。统计表由经济发展局提供，业务部门统计数据由各主管部门提供。统计资料使用现行法定计量单位。因统计口径和统计时间的原因，有些数据可能与统计资料公布的数字有差异，应属个别情况，请根据实际需要取舍。

六、本年鉴收录绵阳经开区党工委管委会领导名单，各镇（街道）、区级部

续表

单位（部门）	简称
镇·街道	
塘汛镇	塘汛镇
松垭镇	松垭镇
城南街道	城南街道
区直国有企业	
绵阳经开投资控股集团有限公司（2016 年 5 月 16 日注册成立）	经开投控
绵阳经开置业有限责任公司（经开投控成立前为独立公司，成立后为经开投控一级子公司）	经开置业
绵阳鑫之力投资有限责任公司（经开投控前身）	鑫之力公司
绵阳达坤投资有限公司达坤公司	达坤公司
驻区单位（部分）	
绵阳市公安局城南分局	城南公安分局
经开区司法所	区司法所
绵阳市经济技术开发区国家税务局	区国税局
绵阳市地方税务局第三直属税务分局	地税三分局
绵阳市国土资源局城南新区分局	城南国土分局
绵阳市城乡规划局城南分局	城南规划分局
绵阳市工商行政管理局经开分局	市工商局经开分局
绵阳市经开区消防大队	区消防大队
绵阳市公安局交通警察支队直属五大队	交警五大队

目 录

特 载 Important Notes

新闻聚集 News Focus

大事记 Memorabilia

综 述 Review

综合监管与服务
Integrated Supervision and Srvices

教育·体育·文化
Educational Sports and Culture

卫生与人口计划生育
Health and Family Planning

社会生活
Social Life

镇·街道
Town and Street

统计资料 Statistical Information

附　录 Elenchus

索　引 Index

新闻聚焦

News Focus

经开区构筑生态新区助力绿色崛起

作为绵阳的城市副中心、全市特色产业园区和新型工业集中区，经开区将按照市委六届十二次全会审议通过的《中共绵阳市委关于推进绿色发展建设美丽绵阳的决定》的安排部署，坚定走产业高端化、生态优先、智慧个性的绿色发展战略道路，推动全区发展方式绿色转型，奋力向宜业宜商宜居的“产城一体”千亿产业园区和现代山水生态新区进军。

在“全创”试验的大背景下，经开区军民融合深度发展。目前，全区已有长虹电源、瑞可达、禾大西普等19个企业科研开发机构，与中国工程物理研究院、中国科学院微电子研究所等涉军科研院所展开技术合作。经开区将继续依托辖区优势，凝聚院地合作共识，加快推进军民融合产业园建设，努力构建创新转化、产业培育、人才集聚、开放合作、金融服务“五大体系”，走出一条军民深度融合的全面创新之路，争取探索出值得复制推广的“经开经验”。

抓好“两个一号工程”是重点。经开区将转变观念、拓宽视野，着力打造电商产业园。通过引荐专家个性化指导，引导大户和企业网上销售，支持企业引进智能制造装备、培养电商专业化人才、建设数字化生产线和多样化销售渠道，延伸企业产业链，加快企业转型升级步伐；坚持外引、内孵和对上争取，加快推进“西南智慧城”项目、广东浩致集团现代服务业基地建设，力争今年全区实现电子商务交易额3亿元；通过强化企业孵化培育、专利挖掘保护等一系列服务，积极推进中智天安国家信息中心（绵阳）超高等级大数据中心、豆萁科技芯片“中测线”（CP）产业园等高新技术产业项目建设，实现园区特色效益增速发展

以系统化的思维推动全区产业布局。经开区将以“幸福美丽绵阳”建设为契机，深入实施园区提升工程，完善园区化工环保、电子信息、高端装备制造等重点产业发展规划，加快规划建设5个专业园区，重点抓好木龙河沿岸现代服务产业园、沿绵三路高端装备制造产业园规划布局和破题，进一步壮大园区产业实力。加快形成龙头企业“顶天立地”、引入企业源源不断“铺天盖地”联动协同发展、融合发展格局，构建一个具备丰富多样性、深厚根植性、紧密融合性的产业“生态雨林”。

着眼低能耗、高技术，构建低碳循环的绿色工业体系。经开区将坚持科学高效、有序开发的原则，梳理可利用土地等存量资源，形成“一地一册”工作台账，集约、节约开发利用园区土地；通过项目整合、平台建设等方式，盘活存量土地，探索建设用地二次开发机制，全面提高土地利用率，为全区发展增强后劲；充分发挥利尔化学、美丰化工等龙头企业的引领示范作用，积极开展二次水、热的循环利用，将节能环保产业作为优势骨干产业培育和打造，提高能源资源使用效率，实现园区绿色发展。

经开区还将绿色发展理念“注入”精准扶贫工作，因户施策，精准发力。针对家庭劳动力缺乏造成的极个别低收入群众，采取兜底办法将其全部纳入低保；对因病致贫的困难群众，采取“大病救助”措施，确保其病有所医；利用“春风送岗位”和“就业服务进社区”等现场大型招聘会，力争动态消除零就业家庭，使贫困家庭和扶贫对象具备内生发展动力，实现可持续、可复制的“造血式”精准帮扶，共享绿色发展、生态富民、科学跨越成果。

上半年主要成效

GDP33.25 亿元 ，同比增长 8.5%

● 规模工业利润 3.6 亿元，同比增长 189.5%

● 社消零总额 18 亿元，同比增长 12.2%

● 公共财政预算收入 27424 万元，同比增长 8%

● 外贸进出口 6800 万美元，同比增长 9.4%

下半年重点工作

深入推进军民深度融合发展，做好区域规划布局，实现产业协调发展。坚持绿色发展理念，提高能源资源使用效率。加快企业转型升级步伐，推动传统产业与互联网深度融合。扎实推动扶贫攻坚，持续保障改善民生。

（摘自《绵阳日报》2016 年 8 月 23 日，作者：夏宁、李灵越）

“经开智造”产品惊艳
创新创业成果“吸睛”

11 月 10 日至 16 日，由经开区主办的 2016 年全国双创周绵阳分会场经开区双创主题活动周在市创新中心二期举行。本次双创主题活动周不仅吸引了绵阳松正科技、四川蜀旺新能源、四川宝天智控、四川梓冠光电、绵阳盼达汽车、绵阳市天暖节能科技、西南科技大学、四川文化艺术学院等来自经开区不同领域的 20 余家企业及高校共计上百件展品参展，还吸引了云智能电饭煲、特种智能球型无人机、基于物联网与大数据应用、全数字彩色多普勒超声诊断仪、远红外生态采暖系统、无人微耕机等 12 个项目参加路演专场活动。活动周共举办了 9 场子活动，充分展示了经开区科技创新孵化成果及科技企业创新风采。

“经开智造”惊艳双创周

“机器人跳舞，真炫。”“智能电饭煲，遥控指挥就能煮好饭。”经开区双创主题活动周期间，许多“经开智造”产品惊艳亮相，吸引了众多观赏者的目光。室外展厅，来自区内的广丰机电的无人微耕机、盼达租赁的新能源网约车、蜀旺新能源的多功能太阳能路灯等展品吸引了众多市民关注；市内展厅，宝天智控的特种智能球形无人机、天暖节能的远红外生态采暖系统、松正科技的云智能电饭煲、四川绿捷科技的智能充电网络等20余家企业及高校共计上百件“经开智造”高科技展品和演示让观众赞叹不已。

在活动周期间举行的三场项目路演专场活动中，有来自麦迪克电子科技的全数字彩色多普勒超声诊断仪等12个项目参加路演，共计200余人次参与了这三场路演。经开区的创业者们带来的高科技产品让观众们大开眼界，同时，投融资机构、创业导师也对企业项目路演设计、融资计划、市场推广中存在的问题提出了非常中肯的意见和建议。九鼎投资提醒企业应提高自主知识产权保护意识；麦迪克电子科技在路演后通过创业导师与某医疗器械公司达成初步合作意向；安信证券、德阳银行对埕禧农业的养生产品、广丰机电的无人微耕机项目明确表达了进一步合作的意向。

精彩讲座扮靓“双创周”

作为经开区双创主题活动周重头戏的“财税法专题讲座”和“企业成长中团队股权激励专题讲座”，吸引了200余位科技型中小企业负责人、创客、科技服务机构负责人参加。

来自华一世纪中国股权激励研究院的著名讲师吴华德在“企业成长中团队股权激励专题讲座”中，帮助企业家了解股权激励、运用股权激励做好企业人力资源管理，充分发掘人力资本价值。创客们纷纷表示，这样的讲座实用性、操作性都非常强，既能解决企业初创期遇到的现实问题，又能增强广大创客的创业意识、创新精神，有助于大家在“互联网+”的时代背景下找准定位、瞄准目标，更好地实现人生价值。

活动周最后一场子活动电商交流及青年创业论坛更是吸引了众多创业者参加。大家围绕“电商的发展是否会对传统行业造成冲击；电商的发展会否一家独大，成为日后消费经济新驱动；作为大学生电商实训基地负责人，对大学生从事电商有什么看法和好的建议?”等主题进行了分享和交流；更有青年创业代表现场讲述了自己丰富的创业经历，分享了创业经验。

多管齐下助力“双创”

今年以来，该区将“双创”工作列入全区的重要工作，下大力气，多管齐下助力“双创”。在措施配套上，提供全程优质增值服务。区上出台了一系列优惠政策并严格兑现，激励科技创新，支持科技型中小企业发展壮大。与此同时，筑巢引凤，打造建设一流孵化器、加速器。按照“一个中心孵化器、多个专业孵化器”的思路，目前已经建成科技企业孵化器5个，孵化总面积达15.4万平方米，为科技型企业落地和技术研发创造了有利条件。在坚持创新，推动培育形成核心竞争力上，今年前10个月，园区专利申请量达715件，同比增长21.6%，预计全年专利申请量将突破1000件大关；目前园区累计已经拥有国家级研发机构3个、省级研发机构5个、市级研发机构11个，创新平台为科技创新奠定了坚实基础。孵化培育注重“精准滴灌”，力促提质增效。

该区建立完善了企业台账，还将制定分类扶持方案，实施精准服务，对有成长性的小微科企，安排专员一对一跟踪服务，在进一步扩大企业总量的基础上，推动企业做大做强，确保发展科技型企业量增质更优。

目前，经开区已初步形成了“大众创业、万众创新”的浓厚氛围，吸引了一批成长性较好、潜力较大的企业，集聚了一批创新意识和能力较强的人才。今年1月~10月，全区通过科技型中小企业认定282家，到年底，园区的科技型中小企业总数将突破1000家。

（摘自《绵阳日报》2016年12月1日，作者：宋涛、夏宁、余红霞）

经开区全力推动外向型经济持续发展

近日，记者在经开区利尔化学公司看到，公司出口韩国和澳大利亚市场的草铵膦正在忙碌装车。据了解，该公司草铵膦产品自2014年批量销售以来，国内市场供不应求，原药远销东南亚和北美等世界各地，今年已经呈现了产销两旺的良好态势，而该企业也是经开区大力发展外向型企业的一个缩影。

为积极适应新形势，今年以来，经开区以创新驱动为核心，以着力培育为手段，以强化服务为保障，大力培育出口创汇型企业快速发展，全力推动外向型经济持续发展。截至今年上半年，全区进出口总额同比增长22.18%。

培育出口创汇型企业

近年来,面对我国外贸增速持续低迷,外贸市场萎缩明显，外贸经济“痛感”强烈的严峻形势，经开区以创新转型为着力点，大力培育出口创汇型企业，不断提升外贸企业出口竞争力。目前，全区已经逐步形成了以利尔化学、西普化工、日普精化、富临精工、禾本生物、旭虹光电等实体企业为主的出口创汇型企业。利尔化学作为国内最大的氯代吡啶类除草剂系列农药产品研发及生产基地，一直以来致力于高效、安全、环保类农药的研发和生产。在草铵膦的开发上，该企业准确把握新型农药的发展方向，准确捕捉市场信息，早在2006年底，该公司便对草铵膦进行了立项，在之后6年的时间内，利尔化学进行了上千次实验，不断进行技术创新和生产工艺改进，并于2011年成为国内首家取得草铵膦原药正式登记的企业。2013年利尔化学草铵膦技改工作取得重大突破，将生产过程中的技术、安全、环保等问题一一完善，成功实现商业化生产。近年来，该区全力引导辖区外贸出口企业进行创新改造，提升出口产品竞争力，仅利尔化学公司用于提升环保能力、技术创新能力等方面的投资已达1.6亿元，现已建成国家级技术中心，并分别与美国陶氏集团和德国拜尔公司开展深度合作，进行产品升级改造，出口额增长显著。截至今年6月底，利尔化学已累计出口5113.80万美元，同比增长24.98%。

推动进出口持续增长力

近年来，该区不断完善外贸进出口企业名录信息库，以外贸企业的培育作为扩大外贸总量、增加外贸主体、增强抗风险能力的重要手段。一方面引导部分企业出口业务由第三方代理转自营出口，另一方面帮扶新进驻公司顺利落地，助推全区外贸进出口额产生可持续增长力。目前，全区新增进出口实绩的外贸企业有四川省煊阳纺织有限公司、绵阳超声先锋贸易有限公司、绵阳市安普电器有限公司、绵阳海立电器有限公司、四川双马绵阳新材料有限公司、四川汉鑫软木制品有限公司等。

打造外贸发展新优势

该区积极帮助企业对外增资配股，对上争取资金，助力企业进行创新转型。2015年，帮助利尔化学增配股6亿元，帮助区内6家外贸企业申请并兑现外经贸专项资金83.14万元，帮助四川绵阳好圣汽车零部件制造有限公司、四川旭虹光电科技有限公司、四川汉鑫软木制品有限公司等企业申请国家、省、市各类项目资金4774万元。同时邀请市商务、海关等部门给予专业性指导，提高企业通关效率。在创新金融服务上，该区努力构建多层次融资渠道。联合省经信委、省财政厅开发“园保贷”政策性信贷产品成为该区创新开发金融产品的新亮点。截至目前，已有11家企业分4批次参加了“园保贷”项目专家评审会，并全部通过。截至6月底，辖区企业通过“园保贷”已实现融资金额1650万元。积极宣传“万企出国门”等各种展销活动，鼓励外贸企业“走出去”，争取海外订单。2016年，该区引导辖区绵阳西金科技有限公司获取了越南、韩国、刚果金订单近600万元；协助绵阳海立电器有限公司7月实现自营出口第一单。

（摘自《绵阳日报》2016年9月1日，作者：刘雅文、夏宁、郑丹）

经开区“三个导向”强力推进项目建设

近日，记者在四川雄晖化工科技有限公司内看到，市重点项目雄晖化工危险废物质综合利用项目办公楼、生产用房、1#厂房已完成预验收，生产设备安装完毕，正在调试。同时，省重点项目华晨瑞安凸轮轴生产基地项目正在加紧进行主体建设,进展顺利。记者了解到，今年1~9月，经开区在库统计项目共51个，已完成全社会固定资产投资67.95亿元，同比增长13.97%，完成全年目标任务的72.3%；完成工业投资33.61亿元，同比增长12.5%，完成全年目标任务的77.1%；完成技改投资33.27亿元，同比增长11.5%，完成目标任务的77.7%。

今年以来，经开区把项目建设作为全区工作的重中之重来抓，在加快推进项目工作中，该区十分明确地把“产业项目投资”作为核心工作导向，把项目推进作为全区经济工作的头等大事，通过充分论证和研究，拟定了20个续建工业项目和26个计划新开工工业项目，作为全区2016年“项目年”推进的重点产业项目。其中，20个续建项目计划总投资29.4亿元；26个计划新开工项目计划总投资100.6亿元。1~9月，该区省、市重点项目推进有力，进展有序。省重点华晨瑞安凸轮轴生产基地项目、金达诺LED两面翻显示屏生产基地建设项目、旭虹光电高强超薄显示用盖板玻璃项目、华丰连接器产业基地建设项目等4个项目，1~9月完成投资2.93亿元，完成全年计划的86.18%。利尔化学年产2500吨化学品生产线技术改造项目、雄晖化工危险废物资源化综合利用项目、东材科技年产2万吨PVB树脂产业化项目、长虹信息化物流园扩建项目等9个市重点项目，1~9月也完成投资17.44亿元，占全年计划的80.09%。

在项目推进中，该区坚持目标导向，实行分类推进。区党工委、管委会对全区在建、拟建和签约项目进行了全面摸排，根据项目成熟度、企业投资愿望、拆迁难易、资金到位等情况，正排工期、倒排工序，确定全年重点推进项目的总目标、总计划。对列入全年推进计划的项目进行逐个分析，找到影响项目进展的关键环节和关键问题，将项目推进工作和问题分解落实到各时间节点，做到每周、每旬、每月都有明确的目标进度和问题指向。年内将重点强力推动“长虹空调智能制造”、“冰箱智能制造（绵阳）”、利尔化学“年产2500吨氯氨吡啶酸原药生产线”、禾大西普“扩能3000吨壬二酸”等26个项目实现年内开工，形成有效投资实物量。全力推动华晨瑞安凸轮轴、九洲环保危废、金达诺LED两面翻显示屏、鑫科源环保科技、雄晖化工等20个续建工业项目加快建设；努力推动利尔化学“2500吨/年的草铵膦生产线”、六合机械“年产500万件食品加工制冷压缩机缸体”、乔亚斯电器零部件等项目竣工投产，尽快形成新的经济增长点。

坚持服务导向，健全工作机制。该区继续坚持区领导、区级部门联系项目责任制，区产业化服务中心对项目实行全程代办“保姆式”服务，全区还推行和创新项目推进每月例会、每月督查通报、进度公示倒逼和专项考核等制度或工作机制，定期通报，定期会诊。实行项目专员制度，对专业园区、重大项目推进由县级领导带领专门团队进行一对一全程跟踪服务，确保每一个项目问题能得到及时化解，推进得到有效保障和落实。顺利实现了晶彩科技新能源动力装备制造、利尔化学年产2500吨化学品生产线技术改造等新建项目开工建设，促进了利尔化学草铵膦、长虹信息化物流改扩建一期、六合机械、兴绵建筑材料设备仓储中心等5个续建项目建成投产，完成投资约4.5亿元。

坚持问题导向，强化保障措施。该区以镇、街道为单位，成立了各项目推进工作小组，认真解决征地拆迁、要素供给、施工秩序维护等影响项目推进的关键问题，着力保障项目及时落地、尽快开工、顺利建设、尽早投产。今年以来，经开区已累计拨付拆迁资金16954.35万元，已经整理土地1047亩，拆迁379户，安置人数近千人。与此同时，大力开展项目建设施工秩序专项整治，严厉打击强卖商品、强行揽工、强行阻工、强行企业接受服务“四强”等肆意非法阻挠建设施工秩序的行为，切实维护项目建设施工秩序。

(摘自《绵阳日报》2016年10月31日，作者：刘雅文、夏宁、何静)

经开区2016年民生工程完美收官

今年，经开区坚持“以民为本，为民解困，为民服务”的工作宗旨，交上了一份漂亮的民生工程答卷：

全年实施省级民生工程十项及19件民生大事目标49小项；市级十项民生工程目标28小项；市新增经开区2016年度小学建设等民生工程16项；区级民生工程项目4项；市级民生基础设施工程共12个。目前，所有项目已全面完成。

路灯改造惠及辖区群众

自去年10月以来，经开区启动了全区21个自建居民小区近4000盏路灯的安装工程，以切实解决群众夜间照明难、出行难的问题。今年，该区又投入20余万元将塘汛中心六组、涪沿四组及友谊1组、2组、6组和城南新区等小区的251盏高钠灯改造为LED节能灯，正在实施为群丰、三元等未安装路灯的小区安装104盏LED节能灯项目。

该区按照“合同能源管理方式”与多家生产企业商谈，最终选定一家资质良好的企业出资200余万元将辖区内837盏高耗能的路灯改建成无极灯。而经开区每年以电费差补助的模式，用5年时间帮助企业回收投资成本。目前，该项目已通过审核，预计将于明年竣工并投入使用。

政府帮扶助力就业创业

今年以来，经开区在加大对辖区的失地无业农民（城镇失业人员)、农民工再就业职业技能培训，以及帮扶大学生创业方面大招频出。

在加大技能培训方面，组织职业技能培训，努力提高失地农民和下岗失业人员的就业能力；积极搭建职介平台，促进群众就业；定期发布招工信息，为群众求职提供了有力的信息支持。

在帮助高校毕业生创业方面，组织电子商务等知识培训，邀请专家和创业指导师进行会诊指导；积极组织宝天智控无人机等10余个项目参加“创梦科技城”等项目展示与投融资对接活动。同时，该区还落实大学生创业扶持补贴政策和失业保险稳岗补贴，对入驻创业孵化器的大学生创业项目给予场地租用费、物业管理费全部减免扶持。

截至目前，全区免费培训各类人员1460人，帮助上千人实现就地就近再就业；提供就业岗位15000余个，现场达成就业意向2000余人；开发公益性岗位246个，援助92名就业困难人员和7名参战参核退伍军人实现就业；为创业大学生累计发放扶持补贴资金44万元，减免场地租用费等费用约90余万元。

引进社会资本参与养老

近年来，该区创新思路，积极引进社会资本参与养老，大力推进民营养老机构建设，切实解决好辖区老人老有所养的问题。

该区积极引进社会资本，在园区探索和构建起了多层次、广覆盖的新型养老服务新模式。通过引进社会资本投入养老服务体系，将民办养老机构绵阳市九九佳园颐养苑打造成了民生工程建设的典范；通过政府购买服务方式，提升居家养老服务水平。通过购买服务形式，与“12349”居家养老服务平台签订居家养老服务合同，为符合条件的近400名老人提供居家养老服务，让老人在生活上得到更好的保障。

目前，全区今年新增民办养老机构床位200张，新建日间照料中心4个，已为350名60岁以上失能老人和80周岁以上高龄老人提供居家养老服务。

（摘自《绵阳日报》2016年12月28日　作者：夏宁、王明全）

旭虹光电

大事记

Memorabilia

1月

6日，市商务局局长潘大钦带领局领导班子一行6人到经开区调研指导商务工作，区领导毛一兵、陈鼎、戴顺贵等陪同调研。

18日，经开区商会举行成立大会。市委常委、科技城党工委副书记、管委会常务副主任、市国资委党委书记颜超致辞并为经开区商会授牌。市人大常委会副主任、市工商联主席黄正良，市政协副主席、市委统战部部长苗平等出席成立大会。经开区党工委副书记、管委会主任代宏参加会议并致辞。市工商联副主席杨光主持会议。市级部门领导易显云、朱章元、王华明，区领导张治冬、戴顺贵等参加会议。

21日，绵阳经开区药品行业协会成立。

26日，市委常委、组织部部长岳勇到经开区调研产业发展和基层组织建设工作。区党工委书记毛一兵，区党工委副书记、管委会主任代宏等陪同调研。区领导黄琦、张治冬、陈鼎、戴顺贵、周世权等参加经开区工作汇报会。

2月

1日，市政协副主席沈其霖代表市委、市政府，带领市慰问团到经开区看望慰问困难群众。

4日，经开区召开传达贯彻中央、省、市纪委全会精神会议，深入推进党风廉政建设和反腐败工作。

17日，省委书记王东明到绵阳经开区企业长虹电源公司考察。他指出，推进全面创新改革试验，为在绵的众多国防科工单位、企业、科研院所提供了广阔的发展空间和舞台。要紧紧抓住这一难得的历史机遇，进一步畅通军民深度融合发展渠道，加快大众创业、万众创新，推动绵阳科技城建设不断取得新进展。他要求企业进一步增强忧患意识和紧迫感责任感，铆足劲头干事创业，通过改革创新解决企业发展中的深层次问题，努力实现集团持续健康发展。省领导黄新初、吴靖平、王宁，成都市市长唐良智参加调研。市委书记彭宇行陪同在绵阳市党工委书记毛一兵陪同在经开区的调研活动。

△ 市投资促进局局长邓辉带队到经开区调研投资促进工作。区领导毛一兵、代宏、陈鼎、戴顺贵参加座谈。

26日，“经开区2016年春风送岗位——四项承诺大型招聘会”在辖区同立国际汽车城广场举办。

△ 参加2016年川商绵阳行活动暨绵商返乡发展大会的部分川籍、绵阳籍企业家到经开区考察。

是月，利尔化学股份有限公司年产2500吨化学品生产线技术改造项目，绵阳蜀邦实业有限公司新型环保墙体节能材料项目开工建设。

3月

1日，德阳市委书记蒲波，市委副书记、市长赵辉率队的德阳市党政代表团到绵阳考察军民融合、创新驱动和城市建设工作。其间，代表团到经开区参观长虹电源有限责任公司。绵阳市委书记彭宇行、市人大常委会党组书记马华、市政协主席张锦明陪同考察。德阳市领导张述芬、陈彬、程永波参加考察。绵阳市领导付康、李亚莲、颜超、刘少敏、岳勇、董晓彬陪同考察。在经开区考察期间，区党工委书记毛一兵陪同并与代表团部分成员进行深入交流。

△ 绵阳市工商局经开分局举行挂牌仪式。绵阳市工商局领导杨纯忠、胥菊兰，区领导毛一兵、代宏、朱林、张治冬、陈鼎、戴顺贵、周世权等出席。

3日，市委书记彭宇行专题调研全市农业工作，其间赴经开区农科院、雪宝乳业公司考察。市人大常委会副主任、市委秘书长董晓彬，副市长经大忠参加，区领导毛一兵、周世权陪同。

9日，省商务厅副厅长刘祥超率队到经开区调研服务业工作，市商务局领导潘大钦、丁明勇，区领导代宏陪同。

17日，经开区首个开工整治的老旧小区——塘汛镇兴塘小区整治工程动工。

19日，深圳市绵阳商会执行会长陈开才到经开区参观考察，区领导毛一兵、陈鼎陪同。

21日，市国土资源局局长瞿永安到经开区调研。区领导毛一兵、朱林、周世权等陪同调研并参加座谈会。

△ 绵阳市委发文，黄琦不再担任经开区（农科区）党工委副书记（绵委〔2016〕69号）；4月6日，市政府发文，黄琦不再担任经开区（农科区）管委会副主任（绵府人〔2016〕3号）；5月18日，市委组织部发文，同意黄琦提前退休，从2016年4月起执行（绵组任〔2016〕67号）。

△北京中视广电未来广告有限公司董事长孙杰到经开区参观考察，区领导毛一兵、陈鼎陪同。

△ 遂宁经济技术开发区党工委副书记、常务副主任唐统带领有关部门负责人到绵阳经开区考察交流。区党工委书记毛一兵会见，区领导戴顺贵等陪同。

24日，国家安监总局副局长孙华山到经开区检查安全生产工作。省安监局局长孙建军，副市长郑蕾，市安监局局长雷建新，区领导毛一兵、陈鼎等陪同。

△ 经开区组织金洋钰景家居、昊阳药业、数字港湾科技、超声先锋贸易等企业赴成都参加“四川省—基洛夫州”经贸推介会暨企业洽谈会。

25日，在宜宾市举行的四川省科教兴川产学研创新联盟第一届理事会上，经开区当选副理事长单位，经开区党工委副书记、管委会主任代宏当选副理事长。

△ 二环路松垭段全面完成用地拆迁工作。

27日，铁骑力士集团公司与四川农业大学等单位联合申报的《四川省种猪遗传改良体系建立和配套系选育研究与应用》项目荣获四川省科学技术进步一等奖。

28号，经开区2016年“雪宝杯”校园“三大球”区级联赛在塘汛小学开赛。

30日，绵阳大北农农牧科技有限公司开业。区领导毛一兵、代宏、陈鼎、杨朝晖，市农业局领导王均沛参加开业庆典。

31日，经开区召开2016年工作会议，总结2015年工作，全面安排部署2016年各项工作，对2015年度经济发展突出贡献企业、新上规模企业、限上企业、新认定高新技术企业、省著名商标企业、市知名商标企业给予表扬。区领导毛一兵、代宏、朱林、张治冬、陈鼎、杨朝晖、戴顺贵、周世权参加会议并安排部署工作。

是月，四川九洲环保科技有限责任公司危险废物综合利用与治理及润滑油项目，绵阳兴盛电子有限公司LED路灯电子屏项目开工建设。

4月

6日，区管委会下发《关于做好第三次全国农业普查工作的通知》（绵经开管发〔2016〕8号），启动经开区“三农普”工作。

7日，市委常委、副市长刘少敏带领市规划局、市住建局、市国土局、绵投等相关部门负责人，到经开区调研城南新区五大公园建设，区领导代宏、周世权等陪同调研。

△ 经开区管委会成功完成四川坤泰融资担保有限公司（以下简称坤泰担保）33.35%的股权收购工作，成为坤泰担保单一最大股东，标志全市首家通过政府收购民营资本组建的由政府占主导地位的混合所有制融资担保公司正式落户经开区。

11日~13日，“2016中外知名企业四川行”活动在成都举行,经开区内企业签约项目6个，签约资金12.25亿元。

12日，遂宁市民政局局长李和平带队到经开区参观考察养老工作，区领导代宏、戴顺贵陪同调研。

13日，中航工业幸福航空控股有限公司副总经理罗雪平一行到经开区参观考察，双方就打造水上飞机观光旅游项目进行深度交流，市政府副市长王瑜，绵投集团副总经理、文旅集团总经理景茂斌，区领导代宏、戴顺贵陪同考察并介绍情况。

13日~15日，区党工委书记毛一兵带队，区领导陈鼎参加，赴河南郑州、洛阳开展投资促进活动。

19日，经开区4项科技成果被省政府授予2015年度四川省科学技术奖励。其中，四川旭虹光电科技有限公司“基于浮法工艺生产高强超薄铝硅酸盐触控屏玻璃成套技术及产业化”项目被授予省科技进步奖一等奖。

20日，区管委会“绵经开管发〔2016〕11号”批复，同意增加绵阳鑫之力投资有限责任公司注册资本金5亿元人民币。“绵经开管发〔2016〕13号”批复，原则同意将“绵阳鑫之力投资有限责任公司”更名为“绵阳经开投资控股集团有限公司”。

26日，“绵经开管发〔2016〕14号”批复，同意将经开置业公司、三江商贸公司100%股权划转到绵阳鑫之力投资有限责任公司。标志绵阳经开投资控股集团有限公司组建进入关键阶段。

△绵阳市公安局交警支队直属五大队成立揭牌仪式在经开区举行，市公安局交警支队支队长曹正，经开区党工委书记毛一兵共同揭牌，交警支队政委陈蒙原、市公安局副局长张伟、交警支队副支队长胡宗良、区领导朱林等参加。交警五大队主要负责经开区的交通管理工作。

△省委办公厅综合室副主任杨立带队到绵阳调研全面创新改革试验工作，深入经开区利尔化学考察。

27日，市委常委、宣传部部长张学民到经开区雪宝乳业公司调研食品生产及安全监管工作。

△经开区国税局、地税三分局联合召开营业税改征增值税（以下简称“营改增”）座谈会暨纳税人培训会，标志园区“营改增”工作进入操作环节。

△绵阳经开区积家工业园获批“省级小企业示范基地”，是日，全省共新增10个“示范基地”。

△经开区2016年庆“五一”“安康杯”职工篮球比赛开幕，12支代表队参赛。5月17日举行决赛和闭幕式，经开消防、城南公安代表队分获冠、亚军，区社发局代表队、经开国土代表队同获季军。

29日，市委书记彭宇行陪同，内江市委、市政府主要领导率领内江市党政代表团在绵阳考察军民融合、创新驱动发展和城市建设有关情况。其间，代表团一行到经开区长虹电源公司，考察长虹集团全面创新改革和军民融合发展情况。

是月，新引进中国邮政集团邮政电商创业园、深圳宏泰电池科技有限公司年产1.2亿安时高能动力电池组自动化生产线和新能源技术研发中心、重庆移峰新能源有限公司新能源汽车换电站项目、力帆实业集团公司新能源汽车租赁平台项目。

5月

4日，经开区召开“两学一做”工作会议，标志全区“学党章党规、学系列讲话，做合格党员”学习教育正式启动。

5日，经开区首个老旧小区治理项目塘汛镇兴塘小区整治工程通过竣工验收。

10日，区党工委书记毛一兵调研长虹工业园二期项目用地拆迁工作；11日，调研园区教育工作。

16日，绵阳经开投资控股集团有限公司（以下简称经开投控）成功注册。经开投控注册资本55100万元，是绵阳经开区的综合性政府服务平台，主要负责经开区国有资产经营、开发建设项目投资、市政基础设施建设与管理等。

17日，省政协副主席、省工商联主席陈放深入经开区旭虹光电项目开展稳定经济增长专项督导，市领导元方、李京平，区领导毛一兵、陈鼎陪同。

18日，区党工委书记毛一兵调研经

司、迪卡侬（成都）体育用品有限公司管理层到经开区参观考察，区党工委副书记、管委会主任赵明君，区领导陈鼎陪同。

15日，华联新世界商业管理集团董事长高忠杰到经开区参观考察，区党工委书记毛一兵，区领导陈鼎、朱均陪同。

20日，经开区党工委召开村（社区）“两委”换届工作培训（研判）会暨谈心谈话会议，区党工委书记毛一兵到会讲话，区领导张治冬、戴顺贵、朱均参加。

△ 绵阳华晨瑞安年产600万只凸轮轴项目一期完成设备调试进入试生产阶段，该项目位于城南跃进村5组，占地6.47公顷，总投资1.98亿元。

27日，绵阳经开投资控股集团有限公司与珠海豆萁商贸有限公司合资控股公司——四川经开豆萁科技产业园开发有限公司注册成立。

29日，市委书记彭宇行到经开区深入东材科技公司调研高新技术和战略性新兴产业发展情况，市领导元方、孙福全、罗宗志参加调研。区党工委书记毛一兵汇报工作，区领导陈鼎参加现场汇报会。

△ 经开区综合办印发《绵阳经济技术开发区管委会和社会资本合作项目推进实施办法》，为有序推进PPP项目组织实施提供规范。

30日，绵阳蜀邦实业有限公司新型环保墙体节能材料项目举行开工仪式正式破土动工。

（侯治强　马敬明）

综　述

Review

基本情况

【位置面积】 绵阳经开区是中国（绵阳）科技城“一城三区”发展战略的核心区，位于绵阳主城区东南面。地理坐标为北纬31°24′，东经104°48′。东接游仙小枧沟镇、建华乡和三台永明镇，南与涪城丰谷镇和三台永明镇相邻，西靠涪城吴家镇、杨家镇，北依涪城石塘镇。辖区面积近70平方千米，城市规划面积50平方千米，城市建成区面积24.15平方千米。

【地形地貌】 绵阳经开区地处四川盆地西北部，涪江中上游地带。坐落在涪江、安昌河、芙蓉溪三江汇口下游涪江两岸冲积平坝上，东西依山傍水。属于平坝浅丘地形，山丘连绵，但坡度平缓，区境多为冲积平坝和浅丘地貌。最高海拔529.3米，最低海拔435.4米。

【政区人口】 绵阳经开区管理委员会位于三江大道39号。电话区号0816，邮政编码621000。辖松垭镇、塘汛镇、城南街道。2016年，经开区辖区共有常住人口100388人，男性50125人、女性50263人，其中塘汛派出所管辖33562人，男性16844人、女性16718人；涪滨路派出所管辖41606人，男性20022人、女性21584人；松垭派出所管辖25220人。男性：13259人、女性11961人。 （何灿）

表1 2016年绵阳经开区常住人口分布一览表

常住人口（人）	经开区（人）	城南街道（人）	塘汛镇（人）	松垭镇（人）
总计	100388	41606	33562	25220
男	50125	20022	16844	13259
女	50263	21584	16718	11961

【民族宗教】 2016年，绵阳经开区按照中央民族宗教政策和中央、省、市民宗工作要求，坚持做好宣传教育，坚决维护民族团结，在夯实基层基础工作基础上，全面贯彻党的宗教信仰自由政策，抵御境外利用宗教进行渗透，推进民族宗教治理能力现代化。截至2016年年底，全区涉及少数民族26个、共480人，其中塘汛镇15个少数民族、169人，松垭镇15个少数民族、128人，城南街道17个少数民族，183人。全区共有少数民族干部5名，其中科级领导干部2名。共有寺庙、道观32处，其中开放性宗教场所1处，专职教职人员14人；基督教传教点1处。

（李振德）

【水文条件】 绵阳经开区境内有涪江、安昌河、木龙河，属长江流域嘉陵江水系。其中涪江经辖区内由城南街道南塔社区始，止于松垭镇普照寺村后流入三台县境内，辖区内全长约15千米；木龙河位于经开区西侧，经辖区内城南街道跃进村，塘汛镇桃园村、金广村、红五村、群丰村、三河村后流入涪江，辖区内全长约6.8千米；松垭河经辖区内松垭镇龙洞子村、日新村、五道坪村、活观音村、方山寺村、普照寺村后流入涪江，辖区内全长约7.5千米。绵阳母亲河涪江与安昌河、芙蓉溪三江汇流，经三江大坝截流后，在区内形成水域面积约5.06平方千米的三江湖。 (张苗)

【三江工程】 三江因涪江、安昌江、芙蓉溪而得名。三江工程是四川省和绵阳市“九五”重点工程，绵阳建成百万人口大城市的关键性基础设施，是集发电、防洪、交通、土地开发、城市建设、旅游、环境保护为一体的综合性水资源开发利用工程。

三江主体工程枢纽大坝位于绵阳市三江（涪江、安昌江、芙蓉溪）交汇口下游7.5千米的李家渡处，枢纽距绵阳城区中心10千米，库区两岸已规划为科技城“一城三区”战略中的“城南新区”。工程总投资8.8亿元，其中水电站3.06亿元、拦河闸1.77亿元、交通桥0.6亿元、防洪堤3.37亿元。1997年11月28日开工，工程修建总工期39个月，其中施工准备期6个月，施工期29个月，完建期4个月。防洪堤1999年底建成，李家脊（桃花岛）护堤工程2000年6月20日完工，拦河闸2000年9月18日下闸蓄水，工程2001年6月底全面竣工。

工程年平均发电量2.3亿千瓦时，年均税收1200万元。防洪堤采用堤路结合，防洪能力达到五十年一遇洪水标准，三江大桥成为连接绵三（台）路和绵盐（亭）路的主要交通通道。三江工程的建成为农业灌溉提供了可靠保证，改善灌溉面积6000公顷。同时，为绵阳旅游业发展也起到积极促进作用。库区形成的水面环抱城区，碧波绿水，湖光山色与四周众多古迹、名胜融为一体，风景如画，把绵阳装扮得更加美丽。工程完成后，城区的气候、温度、湿度也发生相应的变化，空气得以净化，水质、交通条件、生态环境和投资环境得以改善，有力地促进了城市建设快速发展和绵阳经济的腾飞。

三江美亚电站是三江主河道最大的发电站之一，电站装机容量3×1.7万千瓦。水库正常蓄水位448米，库容2590万立方米，水库面积5.06平方千米。2016年，三江美亚电厂年发电量为2.1118亿千瓦时，完成税收862万元。 (王进林)

【动植物资源】 经开区植被类型属于东南平坝低丘亚热带常绿阔叶林植被区，四川盆地及川西南山地常绿阔叶林带，四川盆地偏湿性常绿阔叶林亚带，盆地底部丘陵低山植被地区，盆北高丘植被小区。已知有高等植物57科109属186种，其中裸子植物共6科13属24种；被子植物门双子叶植物49科91属158种；单子叶植物纲2科5属4种。低等植物21种，共计 207 种。植被类型包含柏木、桤柏混交林、松林等多种植被覆盖，林中灌木以黄荆、马桑为主。乔木树种有柏木、桤木、马尾松、栎类（青冈）、树、桉树、梧桐、杨树、香樟等。灌木有黄荆、马桑、刺梨、羊奶刺、野山楂等。草本植物主要有茅草、蓑草、芭茅、地丁草、铁线草等。全区野生动物约 10 种，主要分布于林区，常见的有八哥、黄鹂、麻雀、斑鸠等。

【气候条件】 绵阳经开区属亚热带湿润季风气候。2016 年，全区平均降水量 823.3 毫米，较 2015 年偏少 3%，较常年偏少 14%；平均气温 17.1℃，较2015 年偏低 0.1℃，较常年偏高 0.9℃；平均日照时数 1263.3 小时，较 2015 年偏低 2%，较常年偏多 13%。

【交通配置】 绵阳经开区距市中心约 2 公里，距绵阳火车客站 5 公里、货站 6 公里。经过区内的绵阳城市二环路、绕城高速、绵渝高速（G93）与京昆高速（G5）成绵广段、绵九（九寨沟，在建）、绵西（南充西充，在建）互通相融。位于区内的绵阳南郊机场开通有直达北京、上海、广州、深圳等 30 个城市的航线，周起降 606 架次，2016 年旅客吞吐量达 217.3 万人。南湖汽车站开行城际线路 55 条、日发 361 班次。规划中的绵阳轻轨 2 号线在园区设站 2 个，其中塘汛设南起始站。园区土地资源较丰富，供地手续便捷。道路骨架网络、给排水管网、燃气、电力、通讯、4G 网络等基础设施齐全。辖区日供水能力近 9 万吨，日供气能力 70 万立方米，有日处理能力 26 万吨的污水处理厂3 座，有装机容量 5.1 万千瓦电站 1 座、220 千伏变电站 1 座、110 千伏变电站 5 座。已建在建的长虹信息化物流园、科达物流、易联物流等给园区发展提供充足的物流保障。

【人居环境】 2016 年，区内有高等院校 2 所、国家级示范性普通高中 1 所、中小学 5 所、医院 4 家、体育休闲公园 3 座、金融和保险机构 8 家，建成准五星级酒店（桃花岛酒店）1 家，在建超五星级和四星级酒店各 1 家。汽贸商圈建有中高档品牌汽车 4S 店 40 余家，“特色餐饮一条街”汇聚美食门店 80 余家，生活服务业呈蓬勃发展之势。已建在建的经开万达 CBD、鸿越瑞榈、涪滨印象、吉盛三江国际丽城、五和城南新天地、树高威尼斯等高端商业商住小区商住面积达 500 万平方米，环境及设施一流。与正在打造的沿江（涪江）高端商业商住和现代服务业功能带、沿路（绵州大道）高端制造业和新型工业化功能带、沿山旅游休闲和生态观光功能带，相互配合、相得益彰，绿色低碳、山水田园、生态宜居的现代城市新区正加快形成。

【建置沿革】 2000 年 8 月 4 日，绵阳市委以绵委发〔2000〕19 号文正式批准建立绵阳市经济技术开发区。市委决定由陈一立兼任区党工委书记、管委会主任。2001 年 8 月 7 日，中共绵阳市委、市政府发布《关于建立绵阳科技城现代农业科技示范区的决定》（绵委发〔2001〕24 号）。2004

年 8 月 18 日，四川省人民政府向绵阳市政府下发《关于确定绵阳经济技术开发区建设范围的批复》（川府函〔2004〕186 号），明确指出绵阳经济技术开发区建设范围 15.12 平方公里，符合绵阳市城市总体规划（1997—2010 年）和绵阳市土地利用总体规划，同意纳入开发区建设范围。2005 年 4 月 21 日，市委办、市政府办印发《关于调整四个园区管理体制的通知》（绵委办〔2005〕28 号），决定将涪城区南郊工业园与绵阳市经济技术开发区合并，成建制移交涪城区管理，中共绵阳市经济技术开发区工作委员会、绵阳市经济技术开发区管理委员会分别为中共涪城区委、涪城区人民政府的派出机构，开发区名称不变，职级不变。2010 年 3 月 15 日，市委印发《关于经开区管理体制调整涉及有关问题的会议纪要》（绵委纪要〔2010〕13 号），原则同意经开区党工委、管委会作为市委、市政府派出机构，不再作为涪城区委、区政府派出机构。2011 年 11 月 18 日，市委书记吴靖平主持召开市委六届第 11 次常委会议，研究绵阳国家科技城建设体制机制创新有关工作，议定将经开区和农科区整合为新的经开区（中共绵阳市委常委会会议纪要六届第 11 次 3-1 号）。2012 年 2 月 14 日，市委办、市政府办印发《中共绵阳市经济开发区工作委员会绵阳市经济开发区管理委员会主要职责内设机构和人员编制规定》（绵委办发〔2012〕8 号），明确经开区和农科区整合为新的经开区后，经开区党工委、管委会是市委、市政府的派出机构，机构级别为正县级。经开区党工委与管委会合署办公，实行两块牌子、一套班子的管理体制。经开区党工委、管委会挂中共绵阳科技城现代农业科技示范区工作委员会、绵阳科技城现代农业科技示范区管理委员会牌子。2012 年 10 月 13 日，国务院办公厅印发《关于四川绵阳经济开发区升级为国家级经济技术开发区的复函》，同意绵阳经开区升级为国家级经济技术开发区。至此，绵阳经开区成为继成都、德阳、广安、遂宁经开区之后全省第 5 个国家级经济技术开发区。2013 年 3 月，经开区由“绵阳市经济开发区”更名为“绵阳经济技术开发区”。

经济社会发展

【概况】　2016 年是“十三五”开局之年，绵阳经开区加快“千亿产业园区”攻坚建设。以项目推进为核心，着力稳定经济增长；以转型升级为突破，着力优化产业布局；以完善规划为统领，积极谋篇“十三五”；以平台建设为突破，着力强化发展保障；以优化服务为路径，着力提升发展环境。

2016 年，绵阳经开区辖区实现地区生产总值 211.2 亿元，同比增长 9%，其中，第一产业增加值 1.46 亿元，第二产业增加值 160.1 亿元，第三产业增加值49.64 亿元，三次产业比例为 0.7：75.8：23.5。完成全社会固定资产投资 94.19 亿元，同比增长 10.4%。其中，完成工业投资 43.88 亿元，同比增长 6.8%；技改投资完成 42.96 亿元，同比增长 5.4%。工业总产值 658.6 亿元，同比增长 10.1%。规模以上工业增加值增速 10%。规模以上工业企业实现利润 7.43 亿元。实现外贸进出口总额 14083 万美元，同比增长 13.6%。“四上”企业主营业务收入 711.4 亿元，同比增长 8.8%。财政收入 21 亿元，同比增长 7.9%。 （王谦）

表2　2016年绵阳经开区上市企业（含新三板）名录

序号	组织机构代码/统一社会信用代码	企业名称	股票代码
1	620960125	利尔化学股份有限公司	002258
2	205419884	东材科技集团股份有限公司	601208
3	735896784	四川富临运业集团股份有限公司	002357
4	708956104	绵阳富临精工机械股份有限公司	300432
5	720818660	四川长虹电器股份有限公司	600839
6	709151981	新希望六和股份有限公司	000876
7	709159078	四川双马水泥股份有限公司	000935
8	720823080	四川九州电子科技股份有限公司	000801
9	75927846	四川西部资源控股股份有限公司	600139
10	91510700789112092D	四川蜀旺新能源股份有限公司	838456

【项目投资】 2016 年，经开区列入省重点的项目 4 个（含加快前期项目 1 个），项目总投资 15.02 亿元，完成投资 3.4 亿元；市重点项目 9 个，项目总投资 116.40 亿元，完成投资 21.78 亿元。梳理续建、新开工项目 73 个，概算总投资 297.84 亿元。全年实现全社会固定资产投资 94.19 亿元。

环境保护

【概况】 2016 年，绵阳经开区加强工业企业污染治理，狠抓污染防治“三大战役”（水、大气、土壤污染防治行动计划），努力改善全区环境质量。实施大气污染防治行动计划，督促企业加快淘汰燃煤锅炉，加快加油站、储油库、油罐车油气回收治理，加强扬尘污染防治，经开区空气质量明显改善。2016 年各区域二氧化硫、氮氧化物持续达标，空气污染主要因子为颗粒物；主城区空气优良天数比例为 76.2%，重污染天数比例为 0.8%，大气污染防治指标可吸入颗粒物年均浓度为 78 微克/立方米，细颗粒物年均浓度 49 微克/立方米。经开区涪江、木龙河主要河流水质稳定达 I~III 类，断面节点存在污染，通过黑臭水体综合治理，水质得到明显改善。

【节能减排】 2016 年，绵阳经开区城镇污水处理能力达 26 万吨/日，主城区污水处理率提高到 92.5%，城镇平均污水处理率提高到 70%。对高耗能行业、高耗能产品的企业进行专项检查，企业能耗水平达到市内同行业先进水平。实施倡导绿色低碳生活行动计划，通过拉横幅、印发张贴宣传资料、宣传车、手机短信和手机报等方式对节能减排、低碳生活、抵制过度包装等方面进行宣传，增强民众的低碳意识、节约意识和环保意识。

【秸秆禁烧】 2016 年，绵阳经开区贯彻落实省市关于秸秆禁烧和综合利用有关要求，制定《经开区 2016 年秸秆禁烧和综合利用工作方案》，围绕保护大气环境，规划大面积的禁烧区，将松垭镇、各区域交界处以及闲置用地等重点、敏感区域全部纳入，通过广泛宣传动员与严格督查督办，实现“不烧一把火，不冒一处烟”的目标。发展秸秆综合利用与无害化处置工艺，由绵阳达坤新能源环保有限公司对秸秆进行回收和处置，全年产生秸秆 7569 吨，处置秸秆约 7286 吨，处置率 96.3%。

军民融合发展

【概况】 2016 年，绵阳经开区以政策为导向，以平台为支撑，以集聚发展为重点，以金融服务为关键，全面保障军民融合行业良好运行和项目投资稳步增长。军民融合产业已形成以长虹电源、金华洋为代表的电子信息业和以利尔化学、东材科技为代表的化工环保业两大主导产业，具有龙头规上企业带头、配套小微企业跟进、产业链相对完整的产业特点。园区已认定军民融合企业 30 余家，军民融合类国家级技术中心4 个。搭建区内军民融合类企业对接平台，拥有国家级众创空间 1 个，省级科技企业孵化器 2 个，市级众创空间 2 个，孵化总面积约 15.65 万平方米。

【创新转化】 立足长虹、利尔化学、东材科技等军民融合龙头企业，建成 4 个国家级、8 个省级、12 个市级创新平台。不断厚植军民融合发展土壤，制定扶持政策，预算科技专项资金，鼓励科技成果转化，发明专利申请、授权量年增长 10%以上，专利授权累计 1927 件，建成创新孵化载体 6 个、15.65 万平方米，培育科技型中小企业 1000 家。

【产业培育】 2016 年，绵阳经开区大力实施“梧桐计划”，出台相关政策，重点支持军民融合企业做大做强。从 30 余户军民融合企业中，培育 10 亿元以上军民融合企业 4 户、亿元以上军民融合企业 10 户。军民融合类企业贡献不断提升，2016 年实现产值 36 亿元，占规模以上工业总产值的 35.2%，总体贡献税金达 1.1 亿元。

金华洋轨道交通电量传感器

【人才激励】 近三年每年从1500万元科技扶持资金中切块500万元作为人才专项资金，并努力向上争取鼓励政策和资金，激励引导一批高科技人才服务军民融合企业。近两年园区通过“涌泉计划”“千英百团”等人才支持项目使18余户企业获得资金支持1004万元。企业高级技能人才和高级职称人才占全区企业从业人员比重分别达15.4%、10.9%。

【实施开放合作】 2016年，绵阳经开区搭建区内军民融合类企业对接平台、产学研三方战略合作平台，辖区内军民融合企业与中物院、中科院、中航集团等科研院所开展广泛而深入的技术研究合作。组织“军民融合企业家培训班”“商界英才”“明日之星”等多层次多领域企业家培训，构建军民融合类企业家合作交流的渠道。通过技术改造、产业升级，保持军民融合龙头企业技术优势，推动军民融合产业纵向发展。通过产业链延伸补齐，以产业园和孵化园为平台，加快中小型军民融合企业孵化形成集聚，推动军民融合产业横向发展。

【金融服务】 近三年区财政每年预算5000万元~1亿元的工业发展专项资金，重点倾斜解决军民融合类企业的资金需求。通过“园保贷”增信融资、应急转贷为企业提供融资服务，并积极探索实施“应收账款融资”服务。积极助推企业上市，2016年蜀旺新能源在新三板成功挂牌。

【长虹智慧制造产业园】 依托长虹电源、长虹智能终端、美菱冰箱、旭虹光电、海立电器、华丰连接器、金华洋连接器等企业，重点建设平板整机、移动终端设备、电子材料和元器件项目，同时布局实施智能白电产业及华丰连接器、信息化物流园及相应的前端配套产业。2016年，储备长虹空调、华丰连接器等项目，拟投资总额15亿元，

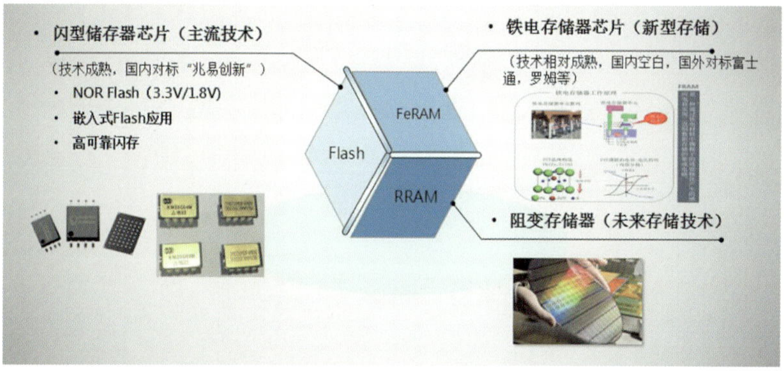

豆萁科技高端储存芯片研发

入驻企业20户，实现产值41亿元。

【中物院化工新材料产业园】 依托利尔化学、东材科技、禾大西普、九洲环保等一批化工环保产业军民融合企业，利用中物院技术背景，充分发挥国家级院所的人才、机制、体制优势，积极开展领先性、差异化的创新活动，重点发展天然气化工、精细化工、新型材料、环保示范工程基地等项目，致力于军民配套、两用技术与产品标准通用，实现军民产品的相互转换和针对性优化。2016年，储备禾大西普扩能3000吨/年壬二酸、九洲环保危废处理搬迁等项目，拟投资总额20亿元，入驻企业12户，实现产值36亿元。

【绵阳市金华洋电器制造有限公司】 创建于2001年3月。是一家专门从事电连接器、传感器、点火器件、启爆组件等产品研发、生产、销售的高新民营军工企业，产品已应用于神舟五号至十号飞船等多项国家重点工程。截至2016年，取得国家高新技术企业证书、国防武器装备科研生产单位二级保密资格证、中国人民解放军武器装备质量体系认证委员会颁发的武器装备质量管理体系认证证书及中国人民解放军总装备部颁发的武器装备承制单位注册证书，是绵阳唯一一家取得三种军工资格证的民营企业。公司长期服务于中国工程物理研究院、中国航天科工第四研究院、中国兵器第202研究所等10余家军工科研单位。所生产的高可靠航空航天特种连接器、勤务保险、传感器、点火器件、启爆组件等重点产品，被广泛用于航空航天、兵器电子、船舶、核工业等领域，并成功用于神舟五号至神舟十一号、嫦娥1号至嫦娥3号及多种国家重点型号战术及战略武器上。

【四川省豆萁科技股份有限公司】 成立于2015年2月，是一家专门从事涉军高端闪型存储器芯片研发设计及方案提供的高科技公司。中国科学院微电子研究所入股企业，并将豆萁科技作为其存储器芯片技术指定的产业化基地，中国唯一一家重点研发"高可靠""抗辐照"闪型储存器芯片的企业。在中国科学院院士刘明的研发指导下，公司成功量产符合GJB597B标准的4Mbit，64Mbit的军品级产品，并被相关单位使用，填补了国内可供军方使用的存储器芯片的空白。公司立足绵阳科技城，与中国工程物理研究院、长虹、九洲等科研院所和军工企业建立良好的合作研发机

制，致力于“豆萁芯，中国心”的发展理念，不断技术创新，砥砺研发，为我国芯片的自主可控贡献力量。（蒋明军）

电子商务

【概况】 2016年，绵阳经开区聚集涉电商企业百余家，实现电子商务交易规模3.98亿元；网络零售额2.03亿元；新增电商企业60家；培育网销名特产品7个。

【电子商务发展】 2016年，绵阳经开区多举措加快推进电子商务发展。打造电商产业园。投资4000万元，规划面积1.67公顷，加快建成2万平方米以网络零售为主，融合电商物流、电商金融、电商培训、配套服务等功能于一体的专业电商园区。加强企业配套。坚持外引、内孵和对上争取，引进正硕科技、学文教育等110余家电子商务及配套企业入驻,逐步壮大电商主体队伍。促进商企入网。引导大型商贸流通企业和规上工业企业应用电子商务和“互联网+”,提高商品流通效率,培育新型消费模式，鼓励中小企业应用第三方电子商务平台开拓市场。

【“互联网+产业”跨境电商培训】 2016年7月7日，绵阳经开区“互联网+产业”跨境电商培训在绵阳国家经开区科技企业孵化中心举行，绵阳电子商务协会秘书长粟栗、阿里巴巴国际部庞德强和绵阳普乐克玛商贸有限公司总经理章传宝受邀，到场对辖区50余名企业负责人及电商管理服务部门人员进行指导，就跨境电商发展机遇及技巧进行全面分析，各企业分享实战经验，互相学习，拓宽发展思路，与会者表示受益匪浅。

【电子商务及“互联网+”基础调查】 2016年，在全区范围内开展电子商务及“互联网+”基础调查，对辖区绵阳宝仁汽车销售服务有限公司、利尔化学股份有限公司等120余家企事业单位应用电子商务及“互联网+”情况开展摸底调查。调查显示，全区企事业单位涉电率达90%以上。（郑丹）

产业服务

【概况】 2016年，绵阳经开区紧盯“产业项目推进、专业园区建设”等重点工作，年初梳理并及时下达“项目年”项目建设目标任务（绵经委发〔2016〕8号），并层层签订目标责任书传导压力，成立“政务服务、征地拆迁安置、要素保障、施工秩序维护”四个专项工作组，“盯住项目问题干”，产业项目推进顺利。全年新开工工业项目2个，用地19.33公顷，完成投资11.6亿元；竣工项目8个，用地面积31.8公顷，总投资13.6亿元，投产年销售收入18.65亿元，年税收7300万元。

【洪恩片区项目集中成片整体推进】 2016年，经开区集中力量扎实推进塘汛镇洪恩片区项目建设。该片区涵盖禾大西普、天旋气门、维奇电子、高兴置业等十余家新开工项目，共用地31公顷，总投资约8亿元。完成禾大西普、维奇电子、蜀邦实业等6家企业的围墙建设及回填平场工作；完成飞翔音频、高兴置业等5家企业的平场交地。洪恩片区是经开区规划的重点产业园区之一，依托片区已成熟的东材科技、禾本生物、禾大西普等现有产业基础和资源相对优势，将形成更多新的经济增长点。

【长虹工业园二期项目实施】　2016年，经开区加快推进长虹工业园二期项目建设，将长虹工业园二期建设所需土地分为6块宗地出让，其中，华丰连接器项目于11月完成交地工作。为实现长虹空调和华丰连接器两个重点项目取得土地后能尽快开工建设，协助华丰公司提前取得规划、消防方面的技术审查意见，并形成项目推进时间节点，做到提前谋划、提前行动。长虹变电站项目已由长虹公司摘牌，进入土地证办理环节。美菱冰箱项目于10月正式启动长虹工业园一期原有的3.1万平方米厂房改造工作。

【“项目专员”制度】　2016年，绵阳经开区继续实行专人协调市级、区级有关职能部门，代办、督办项目报规报建手续，解答工业发展政策，重点服务区内新开工、续建工业项目的“项目专员”制。提升园区项目专员服务能力，在已梳理制成册的建设项目申报流程基础上，对项目建设服务流程进行再梳理再探讨，汇编完成经开区《项目建设服务手册》。坚持区级领导联系重点项目制度以及项目专员全程跟踪服务制度，实施中高级岗位设置试点，强化产业服务队伍专业化建设。

【科技型中小微企业服务】　面向科技型中小企业共性需求，绵阳经开区加快科技型中小企业公共服务机制建设，聚合园区内外优质服务资源，在稳抓落实科技型中小企业“绿色通道”和全程代办服务同时，结合“三证合一”新政，改进服务流程，为企业提供优质、高效的行政审批服务，形成“全流程代办、多方面支持”的科技型中小企业创新服务新体制。2016年，全区印发中小微企业服务指南上万册，提供咨询2000余次，完成科技型中小企业代办30户，其中2户生产型科技企业入住积家工业园。全区有574家科技型中小企业申领服务券，结算服务费用119.75万元。（张亚婷）

精神文明建设

【概况】　2016年，绵阳经开区将文明城市建设工作纳入重要议事日程，印发《经开区2016年精神文明建设工作要点》，细化责任，强化考核，形成全区动员、人人参与、共建共享的良好机制。截至年底，共召开专题工作会议15次，开展环境集中整治行动50余次，各类志愿服务活动近500次，推报的3件作品在年度优秀童谣中获奖，报送网络文明传播链接 100 余条。2016 年，绵阳经开区荣获全市年度精神文明建设综合评定一等奖。 （刘 欢）

【未成年人思想道德建设】 2016 年，在辖区范围内广泛开展“少年强中国梦”主题教育活动，围绕立德树人，组织开展清明祭英烈活动、学习和争做美德少年、童心向党、向国旗敬礼等活动，将社会主义核心价值观根植于青少年心中。开展优秀童谣征集传唱活动，推荐优秀童谣 13 篇，其中 4 篇作品获奖。按照“一宫一特色”的建设要求，打造经典诵读、田径、棋类等乡村学校少年宫特色项目，第十一中学被评为全国第二批足球特色学校。开展文明校园创建，通过组织劳动技能比赛、文明劝导志愿服务、“美德少年优秀事迹演讲”等校园活动，提升学生文明素质。加强校园周边环境整治和网吧管理，全年共开展集中检查 4 次。

【群众精神文明建设】 2016 年，绵阳经开区把群众精神文明建设作为精神文明建设（文明城市建设）工作的重要内容，年初纳入《绵阳经济技术开发区 2016 年精神文明建设工作要点》统筹安排。在辖区范围内多次开展“讲文明树新风”活动，广泛宣传社会主义核心价值观、文明城市建设、市民公约、文明旅游等，实施“道德养成行动”，开展“我们的节日”和诚信建设等主题活动，营造浓厚氛围，引导群众积极参与。稳步推进农村精神文明建设活动，开展文明村镇、文明户等评选活动，推进农村“五个一”建设，加强农村文化建设。深入推进志愿服务制度化建设，按照“参与的社会化、平台的社区化、活动的项目化、工作的规范化”要求，以标准化社区志愿服务工作站为重要平台，倡导辖区群众广泛参与，实现志愿服务的常态化开展，全年共开展各类志愿服务活动近 500 次。持续培树道德典型，持续开展“我推荐，我评议身边好人”活动，全年向市上推荐“好人”12 名。2016 年，全区共评选表扬文明城市建设工作先进集体 28 个、先进个人 50 名。 （赖 丽）

研发平台

Research and Development Platform

【概况】 2016年，绵阳经开区以创新驱动为核心，构建以企业为主体、市场为导向、产学研相结合的科技创新体系，区内聚集以工程技术研究中心、企业技术中心、科研院所为代表的研发机构26家，其中企业科技创新平台25个，国家兴办的农业科学研究院1所。辖区企业及研究院获得省、市科技进步奖9项，其中省科技进步奖二等奖1项、三等奖2项；市科技进步特等奖1项、一等奖1项、二等奖1项、三等奖3项。6家企业被新认定为高新技术企业，全年实现高新技术产业总产值34.04亿元。

表3 2016年绵阳经开区获得省、市科技进步奖项目统计表

序号	登记号	项目名称	主要完成单位	主要完成人	级别	等级
1	9512016Y1500	功能PET聚酯材料关键技术研究与应用	四川东材科技集团股份有限公司、国家绝缘材料工程技术研究中心、西南科技大学、中国人民解放军63963部队、中国人民解放军62023部队	唐安斌 罗春明 胡俊祥 梁倩倩 于少波 吴 行 冯新星 卢忠远	省	二等奖
2	9512016Y1037	工业专用高芥酸菜油产业化关键技术研究与应用	绵阳市农业科学研究院、禾大西普化学(四川)有限公司、四川省农业科学院作物研究所、四川西禾油菜种业有限公司	汤天泽 蒲定福 蒋梁材 蒙大庆 李芝凡 胥 岚	省	三等奖
3	9512016Y1232	高配合力、优质、多抗、广适玉米自交绵723选育与应用	绵阳市农业科学研究院	何 丹 黄秀全 税红霞 张 华 卢庭启 蒋晓芳	省	三等奖
4	5102016YN009	国审高产抗病优质弱筋小麦品种绵麦367和绵麦51选育及产业化	绵阳市农业科学研究院、四川仙特米业有限公司、四川国豪种业股份有限公司	李生荣 任 勇 杜小英 周 强 张 曦 周玉刚 余 敖 何员江 欧俊梅 陶 军 雷加容 陈明勇	市	特等奖
5	9512016Y1501	特高压直流输电换流阀用绝缘结构件关键技术研发	四川东材科技集团股份有限公司、四川东材绝缘技术有限公司(国家绝缘材料工程技术研究中心)、西南科技大学	刘 锋 黄洪驰 唐安斌 马庆柯 邵亚婷 王炳生 杨海君 于 航 黄 杰	市	一等奖

续表 3

序号	登记号	项目名称	主要完成单位	主要完成人	级别	等级
6	9512016Y1004	轻型汽车主轴承盖类零件连体加工工艺研究与应用	绵阳六合机械制造有限公司	肖林柏　王　刚 高　海　王　进 赵成光	市	二等奖
7	9512016Y1690	基于等离子高温熔融裂解技术的危险废弃物处理系统	绵阳市鑫科源环保科技有限公司	刘建波　邓明志	市	三等奖
8	9512015Y1633	抗泥保坍型聚羧酸高效减水剂及其复配泵送剂的研制	四川同舟化工科技有限公司、西南科技大学	舒豆豆　刘才林 杨海君　马春成 任先艳	市	三等奖
9	5102016YN008	秸秆和鸡粪资源化利用技术集成与应用	绵阳市农业科学研究院、绵阳市农业技术推广中心、梓潼县农业技术推广中心、绵阳唯谷农业科技有限公司、四川省田宝生物有限责任公司	何　勇　肖　龙 岳晓龙　黄　波 王茂理	市	三等奖

【科技创新平台建设】 绵阳经开区累计建成有各类创新平台 26 个，其中，国家级研发机构 4 个（国家工程技术研究中心 1 个、国家工程实验室 1 个、国家企业技术中心 2 个）、省级研发机构 8 个（四川省工程技术研究中心 1 个、四川省工程实验室 2 个、四川省企业技术中心 5 个）。各科技创新平台与中国工程物理研究院、中国科学院微电子研究所、中国科学院长春应用化学研究所、中航集团 132 厂、611 所、成都电子九所、四川电子科技大学、武汉大学等众多科研院所开展广泛而深入的技术研究合作。

表4　　2016年绵阳经开区科技创新平台统计表

序号	级别	科技创新平台名称及所依托企业	备注
1	国家级	国家绝缘材料工程技术研究中心 （四川东材科技集团股份有限公司）	国家工程技术研究中心
2		PDP 国家工程实验室 （四川虹欧显示器件有限公司）	国家工程实验室 （工程研究中心）
3		四川东材科技集团股份有限公司技术中心	国家企业技术中心
4		利尔化学股份有限公司技术中心	

续表 4

序号	级别	科技创新平台名称及所依托企业	备注
5	省级	四川省功能杂环化合物工程技术研究中心（利尔化学股份有限公司）	四川省工程技术研究中心
6		四川发电与运输变电设备绝缘材料工程实验室(四川东材科技集团股份有限公司)	四川省工程实验室（工程研究中心）
7		四川省杂环农药工程实验室（利尔化学股份有限公司）	
8		禾大西普化学（四川）有限公司技术中心	四川省企业技术中心
9		四川雪宝乳业集团有限公司技术中心	
10		绵阳华晨瑞安汽车零部件制造有限公司技术中心	
11		四川绵阳好圣汽车零部件制造有限公司技术中心	
12		四川旭虹光电科技有限公司技术中心	
13	市级	四川美丰实业有限公司技术中心	绵阳市企业技术中心
14		绵阳海立电器有限公司技术中心	
15		绵阳双胞胎饲料有限公司技术中心	
16		绵阳市天旋气门组件有限责任公司技术中心	
17		四川绵阳重业齿轮有限责任公司技术中心	
18		绵阳西金科技发展有限公司技术中心	
19		四川泷海洋动物药业有限公司技术中心	
20		绵阳市葡露实业有限公司技术中心	
21		绵阳艾萨斯电子材料有限公司技术中心	
22		四川湟恩动物药业有限公司技术中心	
23		四川同舟化工科技有限公司技术中心	
24		四川长虹电源有限责任公司技术中心	
25		四川瑞可达连接系统有限公司技术中心	
26		绵阳市农业科学研究院	科研院所

表5　　2016年经开区获得国家、省、市科技计划项目统计

序	项目名称	项目单位	资金（万元）
1	高精耐磨齿轮的冷挤成型及表面强化技术研究和开发	四川绵阳重业齿轮有限责任公司	18
2	厚壁中空球形构件无心旋压一体化智能加工装置	绵阳众益机电科技有限公司	20
3	基于等离子高温熔融裂解技术的重金属危险废弃物处理系统	绵阳市鑫科源环保科技有限公司	50
4	0.4mm 高铝触控屏盖板玻璃（战略创新产品）	四川旭虹光电科技有限公司	50
5	耐热型植酸酶	绵阳禾本生物工程有限公司	30
6	平板显示玻璃基板关键技术研发项目	四川旭虹光电科技有限公司	30
7	特高压直流输变电用 DF336 绝缘结构件	四川东材科技集团股份有限公司	50
8	核电及大容量汽轮发电机绝缘复合材料开发	四川东材科技集团股份有限公司、国家绝缘材料工程技术研究中心	100
9	油橄榄全产业链技术集成研究与示范	四川华欧油橄榄开发有限公司	60
10	绵阳经开区积家孵化平台	绵阳积家工业园投资有限公司	50
11	流涎法片材用阻燃聚丙烯组合物及其制造方法（ZL151110447157.2）专利实施项目	四川东材科技集团股份有限公司	10
12	含嘧菌酯的杀菌农药组合物及其应用专利（ZL 201010189953.9）实施项目	利尔化学股份有限公司	10
13	一种具有防盗装置的太阳能路灯专利组合（ZL201320001483.8）实施项目	四川蜀旺科技有限公司	10
14	高产优质杂交小麦新品种绵杂麦 512 的试验示范	四川国豪种业股份有限公司	50
15	优质甘蓝和小白菜杂交新品种的选育及产业化技术集成与示范	绵阳市全兴种业有限公司	30
16	优质杂交水稻新组合选育及产业化开发	四川国豪种业股份有限公司	40
17	高产多抗杂交小麦新品种选育及产业化开发	四川国豪种业股份有限公司	30
18	优质“机耕型”强优势杂交水稻新品种选育研究及其产业化开发	四川农大高科农业有限责任公司	40
19	突破性强优势玉米杂交种选育及产业化开发	四川同路农业科技有限责任公司	40
20	危险废物处置业务新建基地项目	四川九洲环保科技有限责任公司	10

续表 5

序	项目名称	项目单位	资金（万元）
21	年产 100 套城市生活污水处理设备	四川阳光水务工程设备有限公司	10
22	“基于浮法工艺生产高强超薄铝硅酸盐触控屏玻璃”科技成果转化项目	四川旭虹光电科技有限公司	15
23	大屏智能手机低功耗技术及电源技术研发及产业	四川长虹通信科技有限公司	5
24	绿色蔬菜安全生产技术研究与应用示范	绵阳市佳昊农业开发有限公司	5
25	高精度宽范围（FS-1500）电控光可调光纤延迟线	四川梓冠光电科技有限公司	13
26	有机类危险废物焚烧炉及焚烧技术应用	四川九洲环保科技有限责任公司	17
27	绵阳经开区创业服务中心	绵阳聚鑫科技企业孵化公司	10
28	绵阳经开区积家孵化器	绵阳市经开区积家工业园投资公司	10
29	智汇谷众创空间	绵阳智汇谷企业管理服务公司	10
总计			823

【新增 1 个省级企业技术中心】 2016 年 10 月 24 日，四川省经济和信息化委员会发布四川省第二十一批认定企业技术中心名单，位于绵阳经开区的四川旭虹光电科技有限公司技术中心被认定为省级企业技术中心。截至年底，绵阳经开区有省级企业技术中心 5 个。

【新增 3 个市级企业技术中心】 2016 年 4 月 5 日，绵阳市经济和信息化委员会发布 2016 年度新认定的市级企业技术中心，位于绵阳经开区的四川同舟化工科技有限公司技术中心、四川长虹电源有限责任公司技术中心、四川瑞可达连接系统有限公司技术中心被认定为市级企业技术中心。截至年底，绵阳经开区有市级企业技术中心 13 家。

【四川旭虹光电科技有限公司技术中心】 2014 年成立并通过绵阳市企业技术中心认定，2016 年 10 月通过省级企业技术中心认定。先后投资 1000 余万元用于技术中心检测平台建设，先后购置具有国际先进水平的玻璃研发设备——高温熔样炉、高温黏度计、三点测试仪、梯温炉、扫描电子显微镜（带电子能谱）、X 荧光光谱仪、表面波纹度仪、台阶式厚度仪、带积分球透光率测定仪等，配备了先进的计算机系统，可对玻璃力学性能、光学性能及机械性能进行测试研究。人才队伍建设方面，中心聘请韩国籍专家、北京工业大学专业教授担任技术顾问和参与公司重大项目决策与发展战略规划，技术人员理论培训常态化进行；从四川大学、西南科技大学等高校引进专业基础研究人才，作为公司技术发展的后备力量，形成一支由 34 人组成的高学历、高素质技术团队。中心同北京工业大学、西南科技大学等高校与科研院所建立良好的技术合作关系，已具备新产品设计开发、新工艺开发、来料检测、产品性能试验的能力。（蒲美西）

四川旭虹光电科技有限公司技术中心

【四川省功能杂环化合物工程技术研究中心】 2009 年组建，以利尔化学股份有限公司为依托，并与南开大学和西南科技大学合作，旨在促进科技创新成果转化及产业化，是功能杂环化合物领域共性技术、关键技术的工程化与产业化研究的科研与经济综合体。截至 2016 年年底，中心有专职研发人员 80 余人，其中博士 2 名、硕士 10 余人、本科 30 余人，均具有丰富的新产品、新技术、新工艺开发，工程化开发及项目管理经验。装备水平和技术实力在行业中处于领先水平。

中心共开展包括杂环类化合物（植物激活剂、除草剂等）合成技术研究、共性关键技术研究、环保研究、工艺放大、中试研究、工艺及工程设计以及工艺优化等各类课题 10 余项，其中国家级项目 2 项、省级项目 4 项、市级项目 1 项、其他 5 项。

中心参与科技部科技支撑计划、省科技厅科技成果转化项目、省经信委产业技术研究项目等相关科研活动。中心申请多项国家专利，多套工艺技术和工程设计方案已经产生相当的生产效益。（戚昊）

【四川绵阳好圣汽车零部件制造有限公司技术中心】 成立于 2011 年并通过市级企业技术中心认定，2015 年 10 月通过省级企业技术中心认定。技术中心先后购置具有国际先进水平的铸造研发设备——3D 扫描仪、三坐标测量机、X 光探伤仪、直读光谱仪、CS 分析仪、电子拉力万能试验机、金相显微镜、布氏硬度计、数显造型材料发气量测定仪。推广应用新技术、新工艺、新设备、新材料相结合，结合公司实际，全面加强技术创新管理和激励机制建设工作。普通灰铁铸件和球铁铸件的铸造工艺水平国内领先，蠕墨铸铁缸体铸件和铝合金缸体缸盖铸件研发水平，生产工艺水平达到国际领先。在钳体支架开发、压盘开发、差壳开发、缸盖开发等方面取得了一批经济效益好、社会效益显著的科技进步成果。至年底，中心与西华大学、西南科技大学通过科技成果委托开发、联合开发、共建技术开发机构或科技型企业等方式，建立长期稳定的战略合作关系。

【四川雪宝乳业集团有限公司技术中心】 于2003年成立，2006年通过绵阳市企业技术中心认定，2014年10月通过省级企业技术中心认定。先后投资1000余万元，购置具有国际先进水平的福斯乳成分分析仪、高效液相色谱仪、多功能乳品分析仪、摩尔实验室超纯水器、黄曲霉毒素M1检测仪等先进的研发、检测、分析系统64台（套）；新建恒温产品保温室、万级空气净化微生物实验室、精密仪器室等，可实现包括原辅料及产品重金属、三聚氰胺、黄曲霉毒素M1、微生物等109个常规检验指标的全项检测。从四川大学、四川农业大学、西南科技大学等高校引进专业基础研究人才，作为公司技术发展的后备力量。技术中心形成一支由53人组成的高学历、高素质技术团队。中心同四川省农业科学研究院，四川省畜牧科学研究院、西南科技大学等高校和科研院所建立良好的技术合作关系，具备较强的新产品设计开发、新工艺开发、来料检测、产品性能试验等能力。

在建设安州区鸿丰高产奶牛养殖示范场时，依托公司技术中心及合作商和科研院所，建成大跨度隧道通风牛舍，实现牛舍内部恒温恒湿，克服了四川地区的高热高湿环境，减少奶牛热应激，增加奶牛产奶量，已申报发明专利。在新品研发方面，2014年~2016年三年共研发新品20项。

【绵阳市农业科学研究院】 始建于1962年，2012年更名绵阳市农业科学研究院(简称绵阳农科院)。是从事农作物新品种选育和新技术研究与推广应用研究的公益性一类科研事业单位。2016年有在职职工105人，专业技术人员80人，其中享受国务院政府特殊津贴专家、省优专家、市级拔尖人才、省学术技术带头人后备人选等

绵阳市农业科学研究院全景

方面人才 17 人，正高职称 9 人、副高职称 43 人，博士 9 人、硕士 27 人。

绵阳农科院是绵阳市截至 2016 年底唯一从事农作物新品种选育和新技术研究与推广的公益性事业单位，设有小麦、水稻、油菜、玉米、薯类、蔬果、中药材、畜禽水产、土肥、植保、食用菌、生物技术等研究方向。其中杂交小麦、全香型优质杂交水稻、高芥酸油菜等研究处于全国领先水平。是国家小麦改良分中心，国家小麦、水稻、油菜原种基地，国家现代农业产业技术体系、国家区域试验站、国家基层农技推广体系改革与建设培训基地等重要建设单位，国家、省、市农业科技攻关项目骨干承担单位。拥有国家科研基地 1 个，国家中试基地 5 个，国家现代农业产业技术体系综合试验站 5 个，四川省创新团队 8 个，四川省中试基地 3 个，省级博士后创新实践基地、市级人才优先发展试验单位等四川省创新、培训基地、国家省市改革示范基地（机构）6 个。截至 2016 年年底，累计育成农作物新品种 226 个（次），获得植物新品种权 94 项，拥有发明专利 4 项，获国家、省、市级科研成果奖励 206 项，发表科研论文 700 余篇。2016 年，审定品种 7 个、获得品种权 7 项，获农业部、省、市科技成果奖励 8 项，申请国家发明专利 6 项，发表科研论文 46 篇。常年示范推广新品种、新技术 30 余项，培训基层农技干部及新型农民 3 万人次以上。“十二五”以来，在全国近 20 个省（市）示范推广新品种、新技术 0.2 亿公顷，新增社会经济效益 120 亿元。

（戚昊）

西普化工实验室

特色产业

Characteristic Industries

五大专业园

【概况】 2016年，绵阳经开区学习借鉴发达地区工业园区在产业规划、招商引资、基础设施配套建设、区域科技创新体系等相关经验，择机邀请国际国内一流专业规划建设机构和团队参与绵阳经开区规划建设。经梳理规划，园区重点打造信息安全产业园、化工环保产业园、食品及生物医药产业园、现代化服务基地、高端装备制造产业园等专业特色园区，聚集和发展电子信息、化工环保、机械加工与制造、食品及生物医药等特色产业。

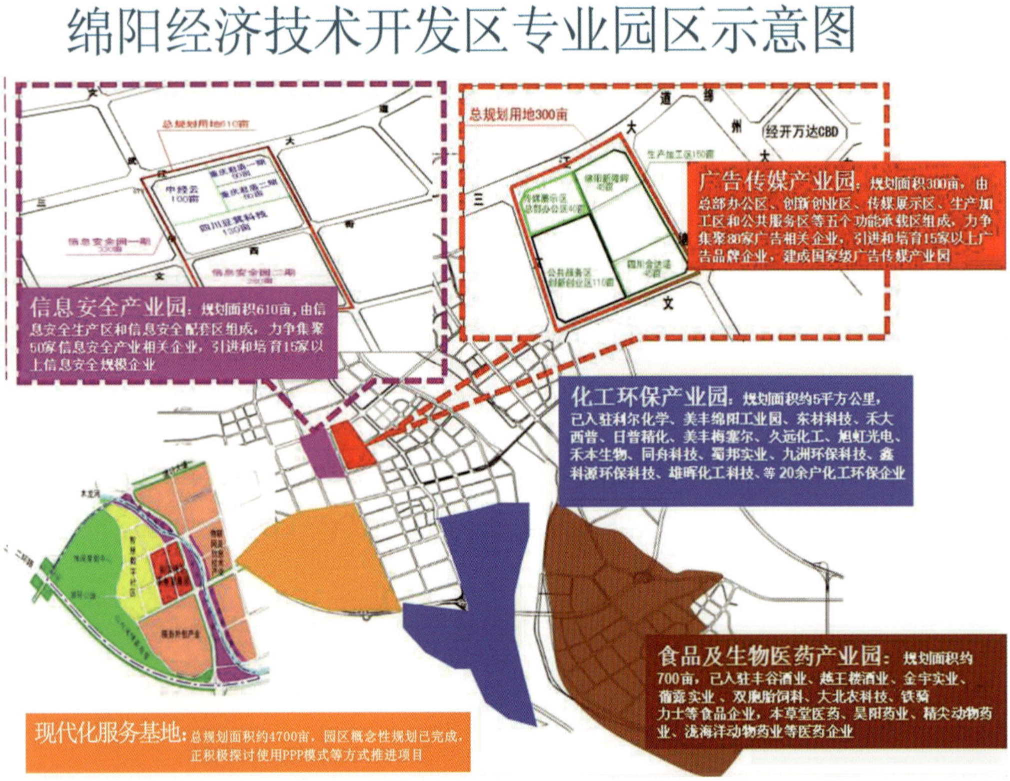

绵阳经济技术开发经开区五大专业园区（2016年初规划版本）

【信息安全产业园】 规划总面积约40.67公顷，位于文武中路以东、文武路以西、塘汛北街以北、三江大道以南，重点承载：信息安全企业总部、集成电路及电子器件设计与制造（集成电路、新型电子元件器件）、高端服务器、工业控制智能系统、计算机智能外围设备、高端电子装备和仪器、大数据存储、云计算、云安全服务及其周边、信息安全软硬件研发设计、电子商务等项目全产业链及其周边产业。

【化工环保产业园】 位于绵阳经开区塘汛镇，紧邻塘汛南街、绵州大道南段，规划面积约3.5平方千米，重点发展天然气化工、精细化工、环保材料、环保示范工程基地项目。化工产业以精细化工、天然气化工、材料化工、农药及医药中间体化工、废弃物综合利用为重点产业发展方向，不断延伸产业链，提高企业的节能、环保生产水平。先后落户利尔化学股份有限公司、四川美丰化工科技有限责任公司、禾大西普化学（四川）有限公司、四川东材科技集团股份有限公司、四川日普精化有限公司、绵阳禾本生物工程有限公司、四川美丰梅塞尔气体产品有限公司等17家代表性企业。利用本地资源发展能源和循环经济产业；建设清洁生产示范区、危险废弃物和固体废弃物集中处理处置中心、工业污水集中处理及中水回用等重大示范工程。

【食品及生物医药产业园】 位于绵阳经开区松垭镇，规划面积约7平方千米。依托引进的四川省绵阳市丰谷酒业有限责任公司、华润雪花啤酒（绵阳）有限责任公司、四川雪宝乳业集团有限公司、四川绵阳越王楼酒业有限公司、绵阳金宇实业有限公司、绵阳川味多实业有限公司、绵阳春蓉食品有限公司等食品饮料企业，绵阳双胞胎饲料有限公司、绵阳大北农农牧科技有限公司等饲料企业，绵阳国药控股医药有限公司、四川昊阳药业股份有限公司、绵阳市先锋医疗器械有限公司等医药企业，重点引进新型高分子材料、基因工程、生物原药与制剂研发与生产、微生物技术领域企业产业化项目。

【现代服务业基地】 现代服务业基地规划用地约313.33公顷，项目位于二环路以北、塘汛镇金广村木龙河东西两岸，总投资150亿元，打造以集聚现代服务业产业为主导，涵盖服务外包、新一代信息技术、电子商务、现代金融、科技服务与企业孵化等高端产业及配套、公共文化旅游、自然生态居住等多功能为一体的现代智慧信息新城。

【高端装备制造产业园】 围绕中英生物材料产业园打造，以经开区现有汽车零部件、机械加工等产业基础为载体，承接中德（绵阳）产业园高端装备制造产业研发与制造职能，规划66.7公顷建设汽车制造产业集中发展区，开展产业链上下游招商；另外规划66.7公顷建设综合发展区，重点引进和承接德国先进智能制造技术、成套设备及关键零部件制造、工业控制智能系统、机器人技术等，在经开区打造军民融合、精密集加、3D工业打印、智能制造“材料–装备–应用”产业链。

电子信息产业

【概况】 2016年，绵阳经开区电子信息行业实现规模以上工业总产值43.22亿元，同比增长24.2%；实现税收4亿元，同比降低16.5%。全区电子信息行业有规模以上工业企业26户，集聚四川长虹电器股份有限公司、绵阳美菱制冷有限责任公司为代表的家用电器制造业，形成智能冰箱、智能空调、家庭影院等产品结构；集聚四川旭虹光电科技有限公司、四川金达诺科技有限公司为代表的新型电子显示制造业，形成高铝显示屏盖板玻璃、3D曲面显示屏、LED两面翻显示屏等产品结构；集聚四川长虹电源有限公司、绵阳海立电器有限公司为代表的智能电子配件制造业，形成军民用锂电池、空调压缩机等产品结构；集聚四川蜀旺新能源股份有限公司、绵阳合源电力设备有限责任公司为代表的专用电子设备制造业，形成太阳能发电系统、输变电设备等产品结构。

【长虹美菱冰箱项目开工建设】 2016年12月，长虹美菱冰箱项目正式开工建设。该项目是长虹工业园二期重要组成子项目，位于长虹信息化物流园内，计划总投资4.6亿元。项目拟改造长虹工业园内原有厂房3万余平方米，建设年产80万台冰箱生产线。已基本完成厂房内管线铺设及厂房外主体改造相关工作。

长虹美菱冰箱项目正式开始建设

【长虹华丰连接器生产基地项目平场交地】 2016年12月21日，长虹华丰连接器生产基地项目与城南街道办事处签订交地协议，完成交地工作。该项目是经开区重点推进的产业项目，在完成前期拆迁、清表工作后，区产业化服务中心、城南街道办事处、华丰公司相关人员在项目现场对该项目用地进行了现场测绘，测绘结果满足华丰连接器项目建设所需。至此，8.27公顷平整的建设用地正式交付项目业主。长虹华丰连接器生产基地项目总投资4.6亿元，主要生产电子精密连接器、通讯连接器、高可靠宇航级军品等，是长虹工业园二期子项目中最为重要的项目之一，项目用地实现交地标志着长虹工业园整体建设向前迈进了一大步。

【长虹信息化物流园改扩建一期项目主体完工】 2016年6月，长虹信息化物流园改扩建一期项目主体完工。长虹信息化物流园改扩建一期项目用地4.67公顷，总投资1.05亿元，新建10万平方米的多层仓储中心和多功能配套区等，项目建成后预计年产值2400万元，税收300万元。

【蜀旺新能源在京敲钟挂牌新三板】 2016年10月13日，四川蜀旺新能源股份有限公司在全国中小企业股份转让系统中心举行新三板挂牌敲钟仪式。蜀旺新能源股份（股票代码838456）正式登陆资本市场。蜀旺新能源是四川省重要的太阳能企业之一，主要生产销售单晶太阳能电池板、多晶太阳能电池板、太阳能发电系统，及承接分布式太阳能发电站的建设和维护项目，固定客户有长虹新能源、长虹照明、长虹日电公司、太一新能源、北京强进科技有限公司、北京博大光正高新技术有限公司等。2016年，企业生产的太阳能发电。太阳能提灌等产品参与进四川省多个精准扶贫项目，实现光伏与地方扶贫的结合。

【旭虹光电获四川省科技进步一等奖】 2016年7月7日，四川省科技创新、科技奖励大会暨系统推进全面创新改革试验工作会议在成都召开，会上举行2015年度四川省科技进步奖颁奖仪式。四川旭虹光电科技有限公司联合东旭集团及北京工业大学申报的“基于浮法工艺生产高强超薄铝硅酸盐触控屏玻璃成套技术开发及产业化”项目获得一等奖。该项目研发的高强超薄触控屏玻璃技术、装备和产品填补了国内空白，打破国外垄断，年销售收入可达4.5亿元。科技成果鉴定会上，包含中科院院士在内的多名与会专家一致认为，该项目成果总体科技水平达到国内领先、国际先进水平。

【金华洋取得武器装备生产二级保密资格】 2016年7月25日，绵阳市金华洋电器制造有限公司取得“武器装备科研生产单位二级保密资格认证证书”。该公司主要研发生产军用电连接器、传感器、点火器件、起爆组件，主要客户有中国工程物理研究院，中国兵器第202研究所，中国兵器第617厂、256厂、152厂、497厂，中国航天科工第四研究院、中国航天科技第七研究院，中国人民解放军第二炮兵装备研究院、军空军装备研究院、海军装备研究院，江苏天瑞电子，中铁西北研究院，中铁二局、五局、七局，宝鸡车辆厂，四川天微电子等单位。公司的产品广泛用于兵器、航空、航天、电子、船舶、交通运输、石油勘探等领域。成功用于神舟三号至神舟十号，嫦娥一号至三号以及多个国家重点型号武器装备上。金华洋根据公司军工科研项目开发需求，经过保密法制集中宣传教育、建立保密资格审查认证计划方案、建立符合认证标准的保密制度等一系列工作，历时半年通过四川省保密资格认证。（谢蕙岭）

化工环保产业

【概况】 2016年，绵阳经开区化工环保行业实现规模以上工业总产值34.6亿元，同比增长3.2%；实现税收1.2亿元，同比减少18%。至年末，全区化工环保行业有规模以上工业企业20户。以中物院 化工新材料特色产业园为载体，集聚利尔化学、美丰科技、东材科技、禾大西普、日普精化等企业为代表，以农用化学品、油脂化学品、合成材料生产制造为重点领域的精细化工产业；集聚雄晖化工、鑫科源、九州危废等企业为代表，以金属废弃物处理、非金属废弃物处理、危险废弃物处理、危险化学品处置为重点领域的节能环保产业；集聚美丰梅塞尔、佳晟能源等为代表，以低碳、循环利用为重点领域的绿色环保产业。化工环保行业可持续发展能力持续提升，绿色生态产业格局初步显现。

【循环化改造】 2016年，绵阳经开区响应“一带一路”倡议，以长江经济带建设为发展契机，围绕“减量化、再利用、资源化”原则，以推动经济绿色转型为主线，开展园区循环化改造和节能减排工作。以利尔化学、美丰科技、梅塞尔气体等龙头企业为核心，构建循环经济产业链，引导企业开展清洁生产，推动循环经济、节能减排、资源和能源梯级利用等工作。美丰化工淘汰高耗能、高耗水的间歇转化制气合成氨装置，由原以尿素为主调整为以硝基复肥为主；梅塞尔气体以美丰合成氨装置和硝铵装置产生的二氧化碳尾气为原料，制造出符合国家标准及可口可乐企业标准的食品级液体二氧化碳；禾大西普化学建设油酸、芥酸生产线，并销售给日普精化作为生产原料；通过实施循环化改造项目，有效延伸园区企业产业链，提高资源利用率，推动产业转型升级，防控环境污染。“经济持续发展、资源高效利用、环境优美清洁、生态良性循环”的循环发展示范区正在逐步显现。

【中物院化工新材料产业园纳入“十大军民融合产业园”】 2016年12月21日，绵阳市人民政府发布《关于印发绵阳市十大军民融合产业园培育“梧桐计划”的通知》(绵府发〔2016〕29号，中物院化工新材料产业园被列入绵阳市产业园十大军民融合产业园培育名单)。依托中国工程物理研究院强大的科研实力，发挥利尔化学、久远化工等企业的技术和人才优势，重点发展精细化工、新材料等产业，推进微电定位取代、高效分离合成、化工新材料智能化控制改造等核心技术研发与应用，重点建设天然气化工、精细化工、新型材料、环保示范工程基地等项目，加快推进处理废弃金属、酸、碱固（液、气）体、废油等再生循环利用项目。2016年，中物院化工新材料产业园聚集军民融合企业20家，军民融合类企业实现产值28亿元，军民融合产业产值12亿元。利尔化学“2500吨/年氯氨吡啶酸原药生产线项目”“年产2500吨化学品生产线技术改造项目”，东材科技“年产17000吨特种树脂技改项目”，鑫科源“危险废弃物综合处置项目”等一批重点项目有序推进。

【利尔化学名列农药销售百强企业第22名】

2016年5月10日，2016年中国农药销售百强企业榜单在“第三届农药行业经济运行分析会暨农药行业排行榜发布会”上发布，利尔化学股份有限公司以14.68亿元位列22名，与上年相比，销售额增加1.51亿元，上升4个名次。

【日普精化享受检验检疫“进口直通”通关待遇】 2016年3月29日，四川日普精化有限公司从日本进口的一批货值9.81万美元的油酸在重庆口岸顺利通关，这是四川绵阳检验检疫局首次对辖区内企业进口货物实施“进口直通”，避免二次报检。

【禾本生物获签绵阳首份中韩自贸区优惠原产地证明书】 2016年1月，绵阳禾本生物工程有限公司获得绵阳检验检疫局为其出口韩国的600公斤价值3950美元的除氧酶签发的中国—韩国自贸协定优惠原产地证明书，是中韩自贸协定正式生效并实施第一步降税以来，绵阳辖区签发的首份中韩自贸区优惠原产地证明书。获签此证明后，公司此次出口到韩国的除氧酶的关税从6.5%降为零，共减免费用257美元。

【东材科技获评四川省油气化工“十二五”科技创新先进单位】 2016年3月，四川省油气化工“十二五”总结表彰暨“十三五发展研讨会”召开，四川东材科技集团股份有限公司等4家企业获评四川省油气化工“十二五”科技创新先进单位。

【东材科技绝缘结构件打破国外技术垄断】 11月，世界首台200千伏高压直流断路器通过鉴定。该断路器额定工作电流2千安，分断电流15千安，分断时间3毫秒，整体技术达到国际领先水平。其所用的关键绝缘材料为四川东材科技集团股份有限公司制造的大尺寸绝缘槽梁、拉带绝缘结构件产品。本项目的实施，为我国特高压输电提供关键技术支持，打破国外公司在该领域的垄断，替代进口，填补国内空白。

机械加工与制造产业

【概况】 2016年，绵阳经开区机械加工与制造行业实现规模以上工业总产值33.25亿元，同比增长16.2%。至年末，全区机械加工与制造行业有规模以上工业企业16户。

【好圣公司跻身2016四川省制造业企业100强】 12月2日，四川省企业联合会、四川省企业家协会发布《2016四川企业发展报告》，公布2016四川省制造业企业100强名单，四川绵阳好圣汽车零部件制造有限公司排名46位，是经开区唯一一家进入制造业百强的企业。2016年，好圣公司融入“中国制造2025”战略，提出“智能制造”发展方向，提升企业创新能力和核心能力的建设，在广阔的市场空间中实现公司经营业绩逆

利尔化学股份有限公司2016年名列中国农药行业销售百强22名

势上扬的发展势头，提升企业竞争力水平。（蒋明军）

【好圣公司获评四川省首批工信部工业领域电力需求侧管理AA级评价】 2016年12月8日，四川绵阳好圣汽车零部件制造有限公司被评为四川省首批“工信部工业领域电力需求侧管理评价AA级企业”。按照《工信部关于印发工业企业实施电力需求侧管理工作评价办法（试行）的通知》（工信部运行〔2015〕97号）和省经信委印发的《四川省工业领域电力需求侧管理工作试点实施方案》（川经信电力〔2014〕290号）等文件要求，好圣公司实施电力需求侧精细管理，节约电量31.697万千瓦时，综合节电率为1.35%，节约电力负荷109.301千瓦，实现科学、节约、有序，高效用电。

【西金科技获批2015年度省级“守合同重信用”企业】 2016年9月，绵阳西金科技发展有限公司被四川省工商行政管理局命名为“省级2015年度守合同重信用企业”。西金科技自成立以来，坚守诚信为本经营理念，企业合同信用管理水平不断提高，合同签约和履约能力不断增强，历年均是绵阳市“市级守合同重信用企业”。

四川东材科技集团股份有限公司车间

【SLK6400特大型立磨选粉机出口韩国】 2016年4月8日，绵阳西金科技发展有限公司出口韩国SAMRYO公司的两台SLK6400立磨选粉机装运完毕启程运往韩国釜山。西金科技致力于超大型选粉机产品的开发和生产，逐步实现选粉机的系列化、差异化，是国内目前型号最大、系列最全的选粉机供应企业。此次为东洋水泥生产的SLK6400选粉机主要应用于水泥生料立磨改造，其主磨型号为Polysius（60/29），生产能力为520~640吨/时，产品细度为0.08毫米。筛余小于或等于16%；0.2毫米筛余小于或等于2%，电耗低于14千瓦时/吨。该产品的各项技术性能指标均处于世界行业领先水平。

【华晨瑞安实现数字化转型】 2016年5月6日，绵阳华晨瑞安汽车零部件有限公司举行SAP-ERP项目启动大会，与四川虹信软件股份有限公司联合宣告该司SAP-ERP项目进入实施阶段。在虹信软件助力下，华晨瑞安构建起高效质量追溯体系与精益物流生产方法，总体上实现产、供、销、质量与财务有机结合，加快成长为中国汽车零部件制造行业龙头企业。借助SAP－ERP平台，实现企业信息化升级，成为发动机关键零部件生产的专家级制造企业，为未来与世界一流的汽车厂商奥迪、宝马等公司供应链无缝对接做好信息化准备。

【新增3家规模以上机械加工与制造企业】 2016年，经开区培育规模以上机械加工与制造企业3家。3家企业分别为：绵阳德坤机械有限公司，主要产品为汽车零部件的定位片、喷嘴、张紧器、液压挺柱，年产值2100万元；绵阳市凌峰机械制造有限责任公司主要产品为切纸机，年产值2000万元；绵阳市永庆机械有限公司主要产品为汽车零配件，年产值2200万元。（谢蕙岭）

生物医药及食品产业

【概况】 2016年，绵阳经开区生物医药及食品行业完成销售产值110.7亿元，同比下降10.46%，占全区总产值17.25%。至年末，全区生物医药及食品行业有规模以上工业企业21户，集聚禾大西普化学（四川）有限公司、绵阳禾本生物工程有限公司为代表的生物制造业，形成油酸中间体、生物酶等产品结构；集聚四川农大高科农业有限责任公司、四川国豪种业股份有限公司、四川同路农业科技有限责任公司为代表的生物育种业，形成优良油菜、高产水稻等产品结构；集聚华润雪花啤酒（绵阳）有限责任公司、四川雪宝乳业集团有限公司、绵阳市丰谷酒业有限责任公司松垭基地为代表的食品业，形成华润雪花啤酒、“雪宝”牌乳制品、“丰谷”牌酒品等产品结构；集聚四川湟恩动物药业有限公司、四川伴农动保生物技术有限公司为代表的生物医药业，形成新型动物医药等产品结构。

西金科技装配试车检验

【丰谷酒业产品获绵阳市特色食品称号】 2016年3月，绵阳市食品工业工作暨绵阳特色食品授牌仪式会议召开，绵阳市丰谷酒业有限责任公司“丰谷酒王”“丰谷特曲”“丰谷老窖”产品荣获绵阳市特色食品称号。

【“丰谷48度百年酿”屡获殊荣】 2016年3月19日，经商务部批准的2016中国国际酒业博览会暨国际酒业发展论坛在泸州国际会展中心开幕，绵阳市丰谷酒业有限责任公司产品“丰谷48度百年酿”荣获2015年度“青酌奖”酒类新品TOP10；4月16日，由中国食品工业协会白酒专业委员会主办的“首届中国白酒大师高峰论坛”在山东菏泽开幕，“丰谷48度百年酿”荣获“中国白酒大师十大创新产品”称号；12月16日，绵阳市首届白酒年会暨产品品鉴会上，“丰谷48度百年酿”荣获特等奖。

【丰谷酒业达成首单原酒销售】 2016年7月25日，公司达成首单原酒销售，全年实现原酒现款现货销售3900吨。

【雪宝集团与四川师范大学合作】 2016年1月22日，四川雪宝乳业集团有限公司与四川师范大学校企合作“创新创业教学示范基地”授牌仪式在雪宝集团举行。雪宝集团前身是1991年成立的绵阳市乳品管理站，从创立至今一直注重人才的培养和引进，秉承人才强企的经营理念。

【雪宝集团ERP项目启动】 2016年7月2日，四川雪宝乳业集团有限公司ERP项目启动大会召开。本着“整体规划、分步实施”的规划方案，本次ERP项目将分为三个阶段、分三年实施。项目一阶段，涉及财务、供应链，经销商系统；项目二阶段，涉及生产、品控、计划及追溯等；项目三阶段，涉及财务预算及其他扩展运用。项目通过软件的升级、优化，不断提升企业的管理能力，实现以财务为核心，可远程、可预警、可考核的最终目标。

雪宝集团

【雪宝原野牧场通过 GAP 复评】 2016 年 9 月 23—24 日，北京华思联认证中心对四川雪宝乳业集团有限公司原野牧场进行良好农业规范（GAP）认证复评检查，认为原野牧场档案资料齐备、设施设备齐全、卫生，符合良好农业规范认证要求，同意通过此次良好农业规范复评。

【雪花啤酒 5S 项目成果交付】 10 月24 日，华润雪花啤酒（绵阳）有限责任公司 5S 项目成果交付大会召开。“5S”是整理（Seiri）、整顿（Seiton）、清扫（Seiso）、清洁（Seiketsu）和素养（Shitsuke）这 5 个词的缩写，起源于日本，是指在生产现场对人员、机器、材料、方法等生产要素进行有效管理，雪花啤酒 5S 项目是一个以操作者为中心，以创造一个高效、安全、舒心的工作环境为宗旨，以人为本的项目。

【禾本生物与多家名校建立合作】 2016 年，绵阳禾本生物工程有限公司年发酵能力达到 8000 吨，年成品制造能力达 2.5 万吨，具备粉剂、颗粒、包衣、液体、固化的全系产品生产能力。与中国农科院、四川农大、四川大学、上海交大、韩国国家生命科学院等建立长期应用研究合作，实现为客户寻求最佳酶制剂应用解决方案。绵阳禾本生物工程有限公司在 15 年的励精图治下快速成长，从 6 位博士领衔的技术研发起步到建立起 26 个国家的销售和服务网络；从单一饲料酶到自主研发生产 60 余种单酶并服务于食品、环保、工业等诸多应用领域；从跟随业界领先者到成为脂肪酶、蛋白酶、葡萄糖氧化酶、过氧化氢酶等多个酶种的行业领导者。

【伴农动保与高校共育精英】 2016 年 3 月，四川伴农动保生物技术有限公司与绵阳工程技术学校（原四川省绵阳农业学校）达成校企合作定向培养协议，在合作方向、定向招聘等方面达成共识。

【伴农动保获新型专利证书】 四川伴农动保生物技术有限公司成为 2016 年度规模以上工业企业。2016 年 6 月，取得名为“一种去除金属杂质的兽药磨粉机”实用新型专利证书；8 月，取得名为“一种兽药配药搅拌装置”实用新型专利证书；9 月，公司研发团队被绵阳市人才工作委员会评为“涌泉计划”奋进团队称号。

【伴农动保通过 GMP 验收】 2016 年 10 月，伴农动保高标准改扩建工程通过农业部 GMP 专家组验收，得到专家组的高度好评。11 月，取得兽药生产许可证与兽药 GMP 证书号。

【伴农动保成立“伴农云”子公司】 2016 年 11 月，四川伴农云科技有限公司成立，其属伴农动保旗下控股公司之一，是一家以“做更专业、更便捷的农牧服务平台”为愿景，以“安全高效、创造价值、福利员工、回报社会”为宗旨的专业营销服务公司，实行资源整合、渠道融合，致力于为员工、经销商、用户提供“平台+利润共享”的互联网营运模式。

【伴农动保全面推行“伴农金三角 MSY26 无抗增值保健工程”】 2016年，“伴农金三角 MSY26 无抗增值保健工程”在全国各地全面推行，会议次数达128场，参会人数达10余万人次，通过技术跟踪指导，直接受益养殖户近5万余人。

【川农高科控股子公司挂牌新三板】 2016年4月7日，四川农大高科公司下辖控股公司——科荟种业股份有限公司在新三板挂牌。科荟种业成立于2011年11月，2015年9月完成股改，川农高科占股52.8%，为控股股东。科荟种业主营业务为水稻种子的研发，生产销售和服务。2016年年报显示，报告期内实现营收1.25亿元，较上年同期增长207.96%。

【川农高科10项品种通过省级认定】 2016年，四川农大高科农业有限责任公司通过四川省省级审定的华龙油3号油菜品种1个，通过四川省品种审定委员会技术鉴定水稻博恢211、博恢713、玉米XY401、XY415的品种4个，通过农业部植物新品种授权保护的品种（川谷优204、冈48A、蜀恢204、蜀恢316、蜀恢818）5个。

【川农高科建立网络交易交流平台】 2016年，四川农大高科农业有限责任公司在国内建设县级以上推广服务网络516个，直推网点5万余个，在四川、湖南、福建、新疆、甘肃等地建有稳定的杂交水稻制种基地、杂交玉米制种代制基地，在越南、缅甸、孟加拉等东南亚国家建设省级推广服务网点25个，并设立办事处，具体负责国际种子营销业务与国际交流。

（古芸）

民生产业

People's Livelihood Industry

现代农业产业

【概况】 2016年，经开区有市级以上农业产业化龙头企业31家，其中，国家级1家、省级6家、市级24家，全年销售总额27.553亿元；有包含绵阳市农业科学研究院在内的农业科研院所和农业科研平台8家；有现代农业基地211.42公顷，有设施农业9.13公顷。2016年经开区2个农业重点项目——金广现代农业产业园项目、美丽田园产业服务中心项目建成投产。

【农村经济】 2016年，全区实现农林牧渔业总产值4.24亿元。年末实有耕地面积645.5公顷。全年粮食作物种植面积736.06公顷；经济作物种植面积508.2公顷，其中蔬菜种植面积301公顷、油料作物212.6公顷。全年粮食产量4333吨；油料产量837吨；蔬菜产量9853吨。出栏生猪1.45万头，猪肉产量1215.879吨。出栏小家禽6.75万羽，禽蛋产量496.249吨。水果产量380吨。全年义务植树约1000株,投入

金广现代农业产业园总图

资金13.006万元。全年有效灌溉面积645.5公顷,全年化肥施用量（折纯）0.1213万吨,农村用电量2102.7万千瓦时。农村居民可支配收入达到13504元。（熊伟）

【金广现代农业产业园】 四川美正农业科技有限公司于2016年建成。2014年，与绵阳经开区塘汛镇金广村一社农户在合法、自愿、平等、公正的前提下，一期流转土地经营权约800余亩投资建设。项目总投资1.2亿元，主要进行月季新品种的选育，月季盆花、切花的生产，食用月季的开发利用等。同时，建成全国唯一的以月季产业综合开发为主题的农业观光园。项目以月季产业综合发展为核心，以生态观光、旅游休闲、户外度假为辅，按4A级标准建设。建成后初步形成“产、学、研、商、住、旅”一体化，实现月季自主研发、科普示范、生态观光、产品加工全产业链发展。

【新增3家省级龙头企业】 2016年4月，绵阳经开区组织市级农业产业化龙头企业申报省级农业产业化重点龙头企业，先后对企业进行实地考察，并对总资产、固定资产、销售收入、税收、企业带动农户能力、环保、产品质量安全等多方面指标进行综合考评，经省、市农委考评，四川农大高科农业有限公司、绵阳市佳昊农业开发有限公司、四川同路农业科技有限责任公司3家企业升级为农业产业化省级龙头企业（《关于公布第八批农业产业化省级重点龙头企业名单的通知》川农领〔2016〕7号）。同时，区内原有四川国豪种业股份有限公司、绵阳市全兴种业有限公司、四川华欧油橄榄开发有限公司、四川绵阳雪宝乳业有限公司4家企业通过省级龙头企业年度监测。

表6　　绵阳经开区农业产业化龙头企业名录表

序号	级别	企业名称
1	国家级	四川国豪种业股份有限公司
2	省级	四川农大高科农业有限责任公司
3		绵阳市全兴种业有限公司
4		四川绵阳雪宝乳业有限公司
5		四川华欧油橄榄开发有限公司
6		四川同路农业科技有限责任公司
7		绵阳市佳昊农业开发有限公司

四川雪宝乳业有限公司

科学技术

Technology

科技发展

【概况】 2016年，绵阳经开区践行创新驱动发展战略，着力营造“大众创业、万众创新”良好环境，以发展高新技术产业、培育科技型中小企业为主线，加强知识产权创造、运用、保护和管理，为全区经济社会健康发展提供有力的科技支撑。引进“两新”产业（高新技术产业和战略性新兴产业）项目22个，8家企业被认定为高新技术企业，全区累计高新技术企业21家，全年实现高新技术产业总产值34.04亿元。新增科技型中小企业303家，总数达990家，其中新增规模以上8家，总数达48家。新增省级企业技术中心1个，新增市级企业技术中心3个，累计拥有科技创新平台26个。全年专利申请量1362件，专利授权量918件。组织申报项目35个，29个项目获得资金，其中国家级项目1个、省级项目19个、市级项目9个，争取到项目资金823万元。

【科技投入】 2016年，绵阳经开区预算1500万元科技专项资金，鼓励和支持商业金融、创业投资、社会资本参与园区转型升级发展。积极落实优惠政策，支付科技型中小企业认定补助资金、高新技术企业认定补助资金、生产型科技企业厂房补贴、专利资助资金、税务代理服务费等。

专利保护

【概况】 2016年，绵阳经开区启动省级知识产权试点园区建设工作，进一步发挥知识产权支撑引领作用，培育发展新老“两新”企业核心竞争力，加强知识产权宣传培训，提高全民知识产权意识。

全年发放专利资助68.9万元，同比增长65.63%，涉及专利583件。辖区企业获省级专利资助资金8.29万元，市级专利资助资金15.44万元。专利申请量首次突破千件大关，达1362件，同比增长103.59%，其中发明专利申请316件；专利授权量918件，同比增长88.11%。辖区企业、科研单位共拥有有效专利1087件，其中发明专利340件，农作物新品种20件，软件著作权30件。全年省级以上知识产权试点示范企业实施专利项目21件，其中新增实施项目3件，完成专利技术项目实施转化产值增幅12.5%。辖区企业获得2016年四川省专利实施与促进专项资金项目资金30万元。

【专利清零活动】 2016年，绵阳经开区持续做好专利清零活动。通过向企业派驻知识产权特派员，深入企业掌握和了解企业专利情况，鼓励企业通过购买、兼并、许可等方式获取专利权。重点帮助绵阳柏瑞电子有限公司、绵阳帮吉网络科技有限公司、绵阳光迅电子技术有限公司、绵阳杰鑫工具科技有限公司等34家企业完成专利清零工作。

【"4·26"知识产权宣传日活动】 2016年4月26日，区科技局（知识产权局）

"4·26"知识产权宣传日活动

联合成都九鼎天元知识产权代理有限公司、智汇谷创新孵化器，以"保护知识产权，激励创新创业"为主题开展知识产权宣传活动。上午，在积家工业园开展现场宣传和咨询活动，向入驻园区企业派发《知识产权100问》《2016年高企认定》等相关资料100余份。10余家企业在咨询台前就专利申请、政府政策等问题向现场工作人员进行咨询，现场工作人员一一耐心答疑。下午，在绵阳国家经开区科技企业孵化中心三楼会议室举办"保护知识产权，激励创新创业"主题讲座，绵阳耀邦环保科技有限公司等30余家企业代表到场学习。讲座分别就"专利制度的作用""知识产权的运用""知识产权促进政策""如何挖掘专利"及"国家、省、市、区知识产权政策"等方面进行系统讲解，并结合国内外真实案例进行分析解读。

【知识产权特派员进院所、进校园、进科技型中小企业、进孵化中心】 2016年9月26日至10月18日，区科技局派出知识产权特派员到绵阳市农科院、四川文化艺术学院、科技型中小企业孵化器及加速器和部分新认定科技型中小企业和老企业进行宣讲，发放农业科普、知识产权、科技型中小企业优惠政策宣传资料100余份。

（蒲美西）

创新服务

【概况】 2016年，绵阳经开区深入实施"创新驱动、二次创业"战略，构建科技创新孵化体系，区域创新能力显著提升。截至年底，累计建成科技企业孵化器6个（含众创空间），其中国家级众创空间1个、省级科技企业孵化器2个、采取"一个中心孵化器、多个专业孵化器"的模式走创新发展之路，逐步形成完善的"创业苗圃—孵化器—加速器"全链条孵化培育体系。

2016年，经开区科技企业孵化器（含众创空间）再获荣誉。9月，智汇谷众创

续表 7

序号	项目类别		受资助团队（人才）	项目资金（万元）
6	“千英百团”聚才计划	创新创业人才	钟 红（四川省豆萁科技股份有限公司总经理)	50
7			王育伟（绵阳市农业科学研究院畜牧研究所副所长)	40
8	科技型中小企业“涌泉团队”	领军团队	四川湟恩动物药业有限公司抗耐药性银黄注射液制剂研发团队	60
9			绵阳市鑫科源环保科技有限公司工业固废综合利用研发团队	60
10		奋进团队	绵阳麦迪克电子科技有限公司全数字彩超研发团队	40
11			四川伴农动保生物技术有限公司兽药（剂）研发团队	40
12			绵阳众益机电科技有限公司汽车零部件厚壁中空旋压研发团队	20
13	引进外国专家智力项目	2016 年度项目	四川东材科技集团股份有限公司光学聚酯薄膜关键技术研究及产业化	20
14			四川华欧油橄榄开发有限公司油橄榄丰产稳产综合配套技术	30
15		国家、省级追加项目经费的 2015 年度项目	四川华欧油橄榄开发有限公司油橄榄产业化生产关键技术集成与示范	12
16			四川旭虹光电科技有限公司高铝盖板玻璃关键技术攻关项目	12

表8　　2016年第十九届中国北京国际科技产业博览会绵阳经开区参展企业统计表

企业名称	参展产品
四川宝天智控系统有限公司	无人机模型
四川蜀旺科技有限公司	并网式蓄能太阳能逆变器
四川太一新能源开发有限公司	
四川双绿科技有限公司	
四川长虹教育科技有限公司	交互式触摸电视一体机

【当选四川省科教兴川产学研创新联盟副理事长单位】 2016 年 3 月 25 日，四川省科教兴川产学研创新联盟第一届理事会在宜宾市举行，绵阳经开区成功当选副理事长单位，区党工委副书记、管委会主任代宏当选副理事长。4 月 6 日，四川省科教兴川促进会到经开区调研科技创新型企业，提出对接其协会在科技、金融等方面的优势资源，为园区企业持续健康发展做好服务。

党员风采录

经开区、高新区科技型企业 2016“科技杯”篮球联谊赛

【绵阳经开区创新创业服务中心党支部成立】 2016 年 12 月 16 日，绵阳经开区创新创业服务中心党支部成立，为区非公有制经济和社会组织工委直属党支部，书记由区科技局局长兼任，副书记由分管副局长兼任，主要承担区双创中心内科技型中小企业党建工作。

12 月 22 日，绵阳经开区创新创业服务中心党支部开展以“党员风采录”为主题的第一期党建活动交流会，50 余名党员创业者、科技企业党员代表齐聚区双创中心融创孵化中心共话党建。

【2016“科技杯”篮球联谊赛】 2016 年 6 月 6 日~23 日，绵阳经开区、绵阳高新区科技型企业 2016“科技杯”篮球联谊赛在经开区和高新区举行，活动由经开区科技局、高新区科技局联合主办，容创科技服务有限公司、智汇谷企业管理服务有限公司、“1522”文化创意产业园、首战孵化器管理有限公司联合承办，旨在加强两区科技型企业的沟通交流，促进企业共同进步。球赛历时 18 天，共有来自经开区、高新区的 8 支球队参赛。经过激烈角逐，首创联

为、有潜力的优秀人才。四川宝天智控系统有限公司是经开区优秀的科技型中小企业，曾在数个全国性创新创业大赛上崭露头角。（蒲美西）

人才交流

【人才服务】 2016年，绵阳经开区宣传指导企业申报人才发展专项资金各类项目。推荐“千英百团”聚才计划高层次人才（团队）6个，其中四川省豆箕科技股份有限公司总经理钟红被评为“千英百团聚才计划创新创业人才”，受到表扬资助50万元。做好“涌泉领军团队”和“涌泉奋进团队”申报工作，梯爱司表面处理技术（绵阳）有限公司类金刚石涂层研发团队被评为“科技型中小企业涌泉计划领军团队”，受到表彰资助80万元；绵阳麦迪克电子科技有限公司全数字彩超研发团队配评为“科技型中小企业涌泉计划奋进团队”，受到表彰资助40万元，负责人袁勇代表经开区在全市人才工作会议上作经验交流发言；四川旭虹光电科技有限公司超薄高铝盖板玻璃基板研发团队被评为“军民融合专项重大团队（人才）项目创新创业团队”，受到表扬资助120万元；四川宝天智控系统有限公司总裁刘高川被评为“军民融合专项重大团队（人才）项目创新创业人才”，受到表扬资助50万元。

表9　　2016年人才大会获奖情况表

类别	受资助对象	受资助项目	资助金额（万元）
创新创业团队	四川旭虹光电科技有限公司超薄高铝盖板玻璃基板研发团队	–	120
	四川长虹教育科技有限公司智慧学习研发与推广项目众创团队	–	80
	绵阳柏瑞电子有限公司光电连接器研发及应用团队	–	60
创新创业人才	钟红（四川省豆萁科技有限公司总经理，创业人才）	–	50
	王育伟（绵阳市农业科学研究院畜牧研究所副所长，创新人才）	–	40
科技型中小企业“涌泉计划”领军团队	梯爱司表面处理技术（绵阳）有限公司类金刚钻涂层研发团队	–	80
	四川湟恩动物药业有限公司抗耐药性银黄注射制剂研发团队	–	60
	绵阳市鑫科源环保科技有限公司工业固废综合利用研发团队	–	60

续表 9

类别	受资助对象	受资助项目	资助金额（万元）
科技型中小企业“涌泉计划”奋进团队	绵阳麦迪克电子科技有限公司全数字彩超研发团队	—	40
天府高端引智计划	四川华欧油橄榄开发有限公司	油橄榄丰产稳产综合配套技术	30
国家引进国外人才常规项目	四川华欧油橄榄开发有限公司	油橄榄产业化生产关键技术集成与示范	12
	四川旭虹光电科技有限公司	高铝盖板玻璃关键技术攻关项目	12

【干部人事管理】 2016 年，绵阳经开区建立健全干部人事管理制度，相继完善修订《机关事业单位干部职工请销假制度》《关于进一步规范科级及以下干部因私出国（境）、赴台登记备案和证件管理工作的通知》等。完善全区 21 个部门（单位）的领导班子功能结构模型。制定《经开区建立科级后备干部人才库工作方案》，建立经开区后备干部人才库。进一步深化人事制度改革，建立适应园区发展需要的岗位管理制度和科学的人员聘用机制，开展岗位设置管理工作。根据园区工作需要设置部分中高级管理岗位，并在区经发局、区投促局、区住建局、区产服中心 4 个部门（单位）开展试点。全年选调公务员 6 名、事业人员2 名、副科级干部 6 名，提拔正科级干部 2 名，同级重用科级干部 2 名，平级交流科级干部 7 名，安置军转干部 1 名。选拔 2 名“四类人员”进入乡镇领导班子。全年招考录用参公管理人员 2 人、医技人员 4 人、教师 7 人。完善《聘用人员管理办法》，建立聘用人员退出机制，招聘聘用人员 30 名，完成司勤人员劳动合同变更 15 名，完成25 名聘用人员劳动合同续签。

【干部教育与培养】 2016 年，组织全区 115 名公务员（参公人员）参加网络培训，73 名事业人员参加继续教育，参学率达 100%。全年选派干部参加省、市各类培训 31 人次，其中县级干部 4 人次、科级干部 19 人次、一般干部 8 人次。

丰谷酒业
FORGOOD DISTILLERY
中华老字号
China Time-honored Brand
丰功伟业穿喉过
杯酒沉浮江山定
丰谷酒王 10 年
丰谷酒王
FORGOOD JIUWANG
10 YEAR OLD
丰谷酒王
[低醉酒度 丰谷酒王]

平台公司建设

Platform Company Construction

平台公司建设综述

【概况】 2016年，绵阳经开区多渠道、多手段对投融资平台公司——经开投控进行资本注入，壮大国有资产。3月底开始，中审华寅五洲会计师事务所绵阳项目组按照AA评级要求，对经开投控及下属子公司2014年至2016年的账面资产进行梳理，形成资产规模70.45亿元，为企业“对标发债”作准备。4月，完成新型产业园全能电子厂房项目E宗工业用地“国有土地使用证”的办理。5月，搭建绵阳经开投资控股集团有限公司（简称经开控股）构架。6月，完成塘汛镇友谊村公租房项目A、B地块（20.942亩）“国有土地使用证”的办理。12月，15名中高层管理人员通过出资人的选聘程序。至年底，经开控股完成融资7.99亿元。全年，经开投控完成市政基础设施投资约403万元，民生工程、小区基础设施建设投资约479万元，施工总产值约900万元。完成投资拆迁补偿、基础设施建设及上报费用资金5577.67万元，协调土地统征储备中心返还成本4866.5万元。南区花园跃进统建房项目完成1.4亿元的销售收入。区管委会完成坤泰担保33.35%股权收购，并委托经开投控代为管理。

【组建绵阳经开投资控股集团有限公司】 2016年5月组建，经绵阳经开区党工委、管委会批准，区管委会为出资人，以绵阳鑫之力投资有限责任公司为母体，吸收绵阳经开置业有限责任公司、绵阳三江商贸有限公司、经鑫土地整理公司、经开建筑工程公司、精鑫资产管理公司、聚星科技孵化公司6个一级子公司组建，注册资本金22.9亿元。同时，下设经开项目管理公司、民悦物业、停车管理服务公司、汽车租赁公司、经开水务等5个二级全资子公司，受区管委会委托代管所持坤泰担保股份，参股虹然绿色能源、九洲环保科技、孟林经鑫燃气、御鑫广告及仁信汽车等公司。至2016年底，公司总资产70亿元，净资产29亿元。

经开投控组建成立

集团化市场改造

【概况】 2016年，经开投控实施“建设与经营并重”策略，拓展金融投资领域，完善业务板块策略，逐渐形成多元化经营模式，推进盈利能力提升。10 月，区管委会与科发集团签订“生产力促进中心项目回购协议”；11 月，区管委会将东虹安防工业园资产划转至经开投控；12 月，经开投控与珠海豆科商贸有限公司合作成立四川经开豆萁科技产业园开发公司；同月，区管委会通过基础设施建设、土地整理等为经开投控注入 17.37 亿元实物资产。全年，先后与四川金达诺科技有限公司、绵阳文化旅游有限公司达成合作意向，与卓龙公司、易联物流达成新建二手车后续服务合作意向。

松垭污水处理厂

【绵阳经开水务有限责任公司】 2016 年 6 月，经开投控出资 1000 万元成立。公司位于绵阳经开区松垭镇，经营范围包括自来水的生产、销售，给排水器材、供水设备、机械电子产品销售，污水处理设备、设施的安装与维护，污水处理及管理，排水设施维修养护，市政工程施工，管道工程建筑设计、施工等。2016 年 7 月接收松垭污水处理厂的运营管理，年内处理污水 15.74 万吨。

【绵阳经开投控汽车租赁有限公司】 2016 年 9 月 12 日，由绵阳精鑫资产管理有限公司出资成立，公司注册资本金 500 万元，属绵阳经开投控二级全资子公司。公司位于绵阳经开区文跃东路 81 号。经营范围包括汽车租赁、汽车装饰、美容服务；汽车零配件、金属材料（国家禁止的项目除外）的销售等。10 月经开投控委托汽车租赁公司经营 34 辆车，通过性能恢复、保养开展汽车租赁业务。至 2016 年底，公司已长租 19 辆车，其他业务正常开展。

【四川经开豆萁科技产业园开发有限公司】 2016 年 12 月 27 日，经开投控与珠海豆萁商贸有限公共同出资，组建四川经开豆萁科技产业园开发有限公司（简称“豆萁科技”），公司注册资本金 5000 万元，公司位于积家工业园内。主要建设开发规划用地 34 公顷的科技产业园项目。经营范围包括产业园土地开发建设及区域规划与管理，关联项目的投资开发、招商和运营，产业基金投资、企业孵化、企业融资策划等服务。

投融资

【概况】 2016 年 5 月，经开投控成立后，按照“统一、优化、规模、效益、发展”

原则，以“统一主体、统一包装、统一申报、统一调度、统一偿还”为目标，建立务实高效的投融资管理体制和运行机制，公司独立设立融资部，开展公司的投融资工作。

全年，经开投控与绵阳商业银行、兴业银行、乐山银行、哈尔滨银行、富邦银行、渤海信托、远东租赁、广州金融交易所等 8 家金融机构达成合作协议。新增融资额 7.99 亿元。分别完成全兴种业后续还贷工作，落实绵阳商业银行贷款 2000 万元；以晨龙公司为主体，落实贷款资金 4000 万元；以经开置业为主体、经开投控桃园村 B、D 工业用地为抵押物，通过广交所发行债务融资产品 5000 万元；以鑫之力公司为主体，在哈尔滨银行落实信用贷款 8800 万元；以经开置业为主体，落实富邦银行信用贷款 8000 万元，圣明实业 6.67 公顷商业用地作抵押，在乐山银行贷款 15000 万元；以经开投控为主体，在渤海信托落实信用贷款 2 亿元，在远东租赁贷款 8800 万元，落实富邦银行信用贷款 8300 万元。截至 12 月 31 日，承担的对外融资余额为 12.7 亿元。

【四川坤泰融资担保有限公司】 2016 年 4 月 28 日，区管委会完成四川坤泰融资担保有限公司（简称坤泰担保）33.35% 的股权收购，成为坤泰担保单一最大股

城南壹号统建房

聚星科技二期完成装修

南区花园跃进统建房入驻商铺

东。公司注册资本金 1 亿元，被中国诚信信用管理股份有限公司、绵阳市商业银行、游仙信用联社等资信评估机构评定为“AA”信用等级，是四川省融资担保行业协会理事、副会长单位，绵阳市融资担保小额贷款协会常务理事、副会长单位，四川省中小企业信用与担保协会理事会员单位及四川省中小企业服务促进会理事单位。分别与中国农业银行、绵阳市商业银行、游仙信用联社等金融机构建立稳定的合作关系。

10 月 17 日，与四川信用再担保有限公司签订《比例再担保合同》，坤泰担保成为四川省第二批、绵阳市第四家入围省信用再担保体系的融资担保公司，并正式加入以四川再担保公司为龙头、以融资担保机构为主体、以银行金融机构为依托、以中小微企业和“三农”及新兴产业为主要服务对象的全省信用再担保体系。全年，公司累计为客户担保贷款 98 笔，累计担保金额 3.94 亿元。（杨敏）

政府投资项目建设

【概况】2016 年，经开投控按照“完善设施，服务民生”宗旨，加快园区基础设施配套建设，推动园区市政基础设施改造升级，重点围绕道路和公共设施，实施商业城小区三期道路工程、中 11 道路接口段工程、经开区工业园三号路维修工程、中心村九社广场项目、白山小区三期文化广场、友谊居民点休闲广场等政府投资项目 17 个，总投资 9861 万元，完成 15 个项目可研、立项、环评、设计等前期工作和 5 个项目工程建设，实现投资 1553 万元。

【南区花园跃进统建房通过综合验收】

2016 年 6 月，绵阳经开置业有限责任公司组织五方——建设单位绵阳经开置业有限责任公司、设计单位四川海辰工程设计研究有限公司、施工单位四川长兴建设工程有限公司、地勘单位四川地利岩土工程有限公司、A 区监理单位四川元丰建设项目管理有限公司、B 区四川三誉工程项目管理有限公司对南区花园跃进统建房 A、B 区一期进行交房验收，同月通过市环保局、市住建局、市人防办、城南规划分局等部门验收。

【南区花园跃进统建房移交安置】 2016 年 1 月，绵阳经开置业有限责任公司向区城统局移交 A 区一期统建安置房 1217 套 8.27 万平方米，安置征地拆迁人员 2434 人。B 区一期节余用房销售 655 套 6.34 万平方米，回笼资金 1.4 亿元。实现 6000 平方米门面招商，16 户商家入驻经营。

【市政民生工程建设】 2016 年，经开投控承担经开区南区花园 3 期、5 期、6 期广场及城南友谊居民点 A、B、C 休闲广场、白山小区三期文化广场等 8 项民生工程项目建设，完成投资 220 万元。承担桃源村一组、二组居民点连接中 11 道路接口段工程、F6 道路应急临时污水管网、商业城小区三期、工业园三号路维修等 9

续表 10

序号	土地位置	用地性质	面积(亩)	面积(公顷)	省政府批次	批文号	备注
54	涪沿村	教育、绿地	51.1	3.4067	2006-1 城市	川府土〔2006〕490 号	会客厅内
55	涪沿村	教育、居住	193.83	12.9220	2008-4 城市	川府土〔2008〕440 号	会客厅内
56	涪沿村	居住、行政办公	427.78	28.5187	2008-5 城市	川府土〔2008〕446 号	会客厅内
57	涪沿村	卫生用地	22	1.4667	2005-2 城市	川府土〔2006〕905 号	会客厅内
58	涪沿村	行政办公	14.15	0.9433	—	川府土〔2005〕51 号	会客厅内

招商引资

Attract Investment

项目招引

【概况】 2016年，绵阳经开区按照“负重自强、二次创业”总要求，狠抓产业项目投资，全面完成省、市下达的各项指标任务，新引进项目59个，引进重大产业项目14个（5亿元以上10亿元以下项目6个，10亿元以上项目1个）。包括广西泰格置业开发有限公司投资10亿元的地产开发项目，深圳宏泰电池科技有限公司投资5.3亿元的年产1.2亿安时高能动力电池组自动化生产线和新能源技术研发中心项目，中兴建设有限公司投资5.3亿元建设中玮城市综合体项目，香港成功国际投资集团有限公司投资5.2亿元的体育文化主题公园项目，绵阳华丰互连技术有限公司注册资本1亿元的电子连接器、汽车摩托车零部件项目等。引进高新技术产业和战略性新兴产业项目22个，完成国内省外到位内资59.17亿元，完成目标任务46亿元的128.63%，完成奋斗目标55亿元的107.58%，资金到位总量排名全市第5位；到位外资3008万美元，完成目标任务3000万美元的100.27%。经开区荣获绵阳市人民政府2016年度“投资促进工作先进集体”；经开区投资促进局荣获绵阳市投资促进系统“投资促进工作先进单位”“项目促进先进单位”。（郁江）

经开区2016年招商引资新引进项目表

表11

序号	投资企业	项目名称	投资额（亿元）
1	广西泰格置业开发有限公司	泰格置业城市综合体项目	10.00
2	力帆实业（集团）股份有限公司	新能源汽车充电模组全套解决方案项目	7.30
3	深圳宏泰电池科技有限公司	年产1.2亿安时高能动力电池组自动化生产线项目	5.30
4	中兴建设有限公司	中玮城市综合体项目	5.30
5	香港成功国际投资集团有限公司	体育文化主题公园项目	5.20
6	四川电子军工集团有限公司	电子连接器研发、生产及销售	5.03
7	珠海豆科商贸有限公司	集成电路及信息安全产业园项目	5.02
8	重庆移峰新能源有限公司	新能源汽车充换电站项目	3.00
9	力帆实业集团公司	新能源汽车租赁平台项目	2.00

续表 11

序号	投资企业	项目名称	投资额（亿元）
10	绵阳智慧城科技有限公司	智能产品的研发、生产、销售	1.8
11	四川利拓化学有限公司	年产 2500 吨化学品生产线项目	1.6
12	中国邮政集团	邮政电商创业园项目	1.5
13	绵阳华丰互连技术有限公司	电子连接器、汽车摩托车零部件的研发、生产及销售	1
14	四川金砂砾教育管理有限公司	教育基地建设项目	1
15	绵阳新泰晟汽车零部件有限公司	汽车零部件的研发、生产及销售	0.82
16	四川电子机械职业技术学院	四川电子机械职业技术学院四期校舍建设工程项目	0.72
17	绵阳通洲府酒店管理有限公司	酒店餐饮项目	0.68
18	绵阳市随缘实业有限公司	龙跃三江城市综合体项目	0.67
19	四川日盛顺达商贸有限公司	机械设备、机械产品及零件的研发、生产、销售	0.6
20	四川莅坤科技有限公司	电子激光机电设备生产销售项目	0.6
21	绵阳市金玖商贸有限公司	商贸基地建设项目	0.51
22	四川虹城建筑工程有限公司	房屋建筑工程施工总承包、市政公用工程施工总承包	0.5
23	华联超市股份有限公司	上海华联超市项目	0.5
24	绵阳川晟农业科技有限责任公司	农业技术研发，秸秆碳化处理项目	0.5
25	四川金翥能源开发有限公司	干热岩地热发电设备研发、生产、销售	0.5
26	绵阳近一实业有限公司	江苏客商（绵阳）畜禽复合预混合饲料自动生产线项目	0.49
27	绵阳市大盛科技有限公司	北京客商（绵阳）微电子网络元器件的研发及制造项目	0.49
28	绵阳德坤机械有限公司	上海客商（绵阳）VVT 转子项目	0.49

续表 11

序号	投资企业	项目名称	投资额（亿元）
29	安普电器工业有限公司	香港安普电器（绵阳）汽车电子产品研发与生产项目	0.4
30	四川君谦药业有限公司	生化药品、中药材、中药饮片、生物制品销售项目	0.3
31	四川全川光电科技有限公司	LED 智能照明及太阳能产品生产销售项目	0.28
32	深圳市盛诺维科技有限公司	广东深圳盛诺维（绵阳）兽用超声波项目	0.25
33	绵阳科雷特机电科技有限公司	近净成形传动配件生产项目	0.24
34	四川数字港湾科技股份有限公司	药品及视频电子商务项目	0.2
35	东莞市石碣宝成自动化设备制造厂	广东东莞宝成（绵阳）电感器件生产用全自动伺服绕线机设备研发、生产项目	0.2
36	四川安维特种设备检验检测有限公司	特种设备的检测，特种设备的研究开发、销售	0.2
37	中外运现代物流有限公司	北京中外运（绵阳）机场旅客行车托运服务（含行李转运服务）、票务服务、平衡配载等项目	0.2
38	四川凌工新能源科技有限公司	新能源汽车测试设备、新能源汽车车载设备等研发、制造、销售	0.2
39	四川鼎发电子商务有限公司	互联网食品研发与销售项目	0.2
40	四川怀雪科技有限公司	环保家具布艺的生产、销售项目	0.18
41	绵阳五和太平洋影业有限公司	电影发行放映，预包装食品兼散装食品销售	0.12
42	四川祥豪农业科技有限公司	农业新技术、新产品推广与应用项目	0.12
43	四川金磷硅谷科技有限公司	环保设备、新型建筑材料的研发、生产及销售	0.113
44	四川欣蓉欣医疗科技有限公司	医疗器械、计算机软件的研发、销售项目	0.11
45	四川鑫源晨交通工程有限公司	公路工程及配套设施、绿化工程的设计与施工项目	0.107
46	四川大众矿用器材科技有限公司	爆破器材、采矿回填器材、凿岩钎头、矿山器材、防水用品的研发、生产、销售	0.1

续表 11

序号	投资企业	项目名称	投资额（亿元）
47	绵阳市锦顺丰新能源科技有限公司	新能源技术开发，燃气设备研发及技术推广服务	0.1
48	四川瑞信通科技有限责任公司	计算机软硬件开发、销售及技术服务	0.1
49	绵阳五福天下电子商务有限公司	日用百货、家用电器、电子产品的销售及通过互联网销售	0.1
50	四川济韬影视文化传媒有限公司	影视节目制作、发行，大型活动的组织、策划，文艺表演服务	0.1
51	绵阳松正科技有限公司	计算机软硬件开发与销售	0.1
52	绵阳市首信二手车销售有限公司	二手车经销，汽车租赁、置换、检测维修服务	0.1
53	四川精格校园直饮水科技有限公司	直饮水系统、空气能热水系统研发及推广服务	0.1
54	四川利拓化学有限公司	精细化工产品及其他化工产品合成技术研究和相关设备开发与销售	0.1
55	北京凌工科技有限公司	新能源汽车测试设备、新能源汽车车站设备等研发、制造、销售项目	0.1
56	四川际龙晖科技有限公司	医疗器械、计算机软硬件、环保设备的研发及销售	0.05
57	四川三穆光电科技有限公司	机械设备、电子产品的研发及销售项目	0.05
58	绵阳南瓜小姐服饰有限公司	服装、鞋帽的设计、生产、销售及通过互联网销售项目	0.05
59	四川极思科技有限公司	互联网、物联网、计算机系统集成，计算机软硬件开发、销售项目	0.05
合 计			67.027

（表：张樑）

【省市重点项目】 2016 年，绵阳经开区共有省、市重点项目 13 个，项目总投资 131.36 亿元，2016 年计划投资 25.18 亿元，完成投资 27.7 亿元，完成年度投资计划的 110.04%。其中，省重点项目 4 个（含加快前期项目 1 个），总投资 15.02 亿元，2016 年计划投资 3.4 亿元，完成投资 3.45 亿元，占全年计划的 101.4%。分别为绵阳华晨瑞安汽车零部件有限公司“凸轮轴生产基地项目”、四川金达诺科技有限公司“LED两面翻显示屏生产基地建设”、四川旭虹光电科技有限公司“高强超薄显示用盖板玻璃项目”、四川华丰企业集团有限公司“华丰连接器产业基地建设”。市重点项目9个，总投资116.35亿元。

【重大项目引进】 2016年，经开区新引进5亿元以上重大项目7个，投资总额43.15亿元。其中电子信息产业项目2个，新能源产业项目2个，现代服务业项目3个。（张樑）

政策支持

【政策保障】 2016年，绵阳经开区研究出台《鼓励工业企业利用自用节余厂房对外招引企业实施办法》《支持科技孵化器管理企业发展措施》《鼓励征地工业项目固定资产投资优惠措施》《项目投资促进管理办法》4个政策性文件，进一步鼓励区内企业盘活存量和以商招商。同时，行使享有的中关村政策和国家自主创新示范区4项先行先试政策，并按照四川省赋予绵阳科技城管委会的19项省级经济管理权限，对园区产业项目进行快捷审批。对项目落地和建设实行专员制“保姆式服务”，积极帮助争取上级支持，并给予园区自筹产业发展资金支持。（何伦）

【项目跟踪服务】 2016年，重点跟踪促进项目57个，其中工业项目41个、现代服务业项目16个。主要包括：四川旭虹光电科技有限公司拟投资15亿元的曲面显示用盖板玻璃生产线及投资7亿元再建一条浮法高铝平板玻璃生产线项目、聚核科技氟化物产业项目、中物新材智能制造产业园、豆萁科技芯片“中测线”（CP）产业园、韩国SK集团电子气体项目、久远集团中德水处理项目、聚春能源平板型太阳能集热器项目、久远化工和德国PURALUBE公司合作废物油炼制再生基础油项目、格力精密模具项目、58所智能制造产业基地项目、华川集团中医健康城项目、F1摩托艇项目、重庆兄弟（实业）集团、重庆化医集团多元化产业项目、元亨集团一品天下商业街项目等。（郁江）

高新技术产业和战略性新兴产业招引

【概况】 按照《绵阳市工业重点产业及布局方案》（绵委办〔2015〕92号）要求，经开区重点发展高端装备制造产业、电子信息产业、生物产业等高新技术产业和战略性新兴产业（简称“两新产业”），突出智能制造装备、电子核心基础、生物制品制造、生物技术应用等重点方向，推进成套设备及关键零部件、工业机器人、快速制造及其装备制造、高端服务器、计算机智能外围设备、高端电子装备和仪器、生物农业用品、生物化工制品制造、优良育种、水污染治理、污水处理及其再生利用等重点领域技术发展和人才引进。2016 年招引两新产业项目 22 个，协议引资 35.80 亿元，包装和推出两新产业项目 35 个，引进电子商务企业 5 个，引进“互联网+”企业 3 个，海科会签约项目 12 个，投资总额 6 亿元。

（海科会：中国西部海外高科技暨高端人才洽谈会）

【新能源汽车充电桩模组全套解决方案项目】 2016 年 9 月，第四届中国（绵阳）科技城国际科技博览会期间，力帆实业（集团）股份有限公司与绵阳经开区正式签约，在区内从事新能源汽车充电桩模组全套解决方案项目。项目总投资7.30 亿元，在绵阳辖区范围内新建 4 座永久性能源站，15 座电客栈等项目，项目建成达产后，可实现年销售收入1.2 亿元，生产经营环节产生年税收 500 万元，提供就业岗位 100 个。至年底，该项目已进入建站实施阶段。

【汽车零部件生产项目】 2016 年 9 月，第四届中国（绵阳）科技城国际科技博览会期间，绵阳新泰晟汽车零部件有限公司与绵阳经开区正式签约，在区内从事汽车零部件生产项目。项目总投资 0.82 亿元，租用区内原富临精工公司约 1800 平方米标准厂房实施。至年底，该项目已实现量产。

【近净成形传动配件生产项目】 2016 年 9 月，第四届中国（绵阳）科技城国际科技博览会期间，绵阳科雷特机电科技有限公司与绵阳经开区正式签约，在区内从事近净成形传动配件生产项目。项目总投资 0.24 亿元，租用区内四川绵科电子科技有限公司 3000 平方米标准厂房实施。至年底，该项目已实现量产。

电子信息产业招引

【概况】 绵阳经开区电子信息产业方向重点发展电子核心基础产业，发展的重点领域：高端服务器、工业控制智能系统、计算机智能外围设备、高端电子装备及仪器。以长虹电源、长虹智能空调、华丰公司精密连接器、美菱冰箱、海立电器等项目为重点，发展平板整机、移动终端设备、电子材料和元器件项目，补齐机加、钣金、模具、表处理、元器件等完整产业链。加快推进物联网、传感器产品研发、精密连接系统解决方案、芯片研发与测试、光存储技术及应用、大数据应用、软件核心算法（CFD）、专用软件开发等领域技术发展和人才引进。2016 年招引电子信息产业项目 11 个，协议引资 13.82 亿元。

【连接器研发、生产及销售项目】 2016 年 9 月，第四届中国（绵阳）科技城国际科技博览会期间，四川电子军工集团有限公司与绵阳经开区正式签约，在区内从事电子连接器、汽车摩托车零部件的研发、生产及销售项目。项目总投资 5.03 亿元，征地 9.33 公顷。至年底，该项目已进入土建实施阶段。

【集成电路及信息安全产业园项目】 2016年9月，第四届中国（绵阳）科技城国际科技博览会期间，珠海豆科商贸有限公司与绵阳经开区正式签约，该司与绵阳经开区经开投控公司合作在区内总投资5亿元人民币，征地34公顷，共同打造“四川中科集成电路及信息安全产业园”。至年底，该项目“四川经开豆萁科技产业园开发有限公司”已成立，项目前期手续已启动。

【汽车电子产品研发与生产项目】 2016年9月，第四届中国（绵阳）科技城国际科技博览会期间，香港安普电器工业有限公司与绵阳经开区正式签约，在区内从事汽车电子产品的研发与生产项目。项目总投资0.4亿元，使用区内安普工业园6537平方米标准厂房实施。至年底，该项目已实现量产。

【兽用超声波设备研发与生产项目】 “2016中外知名企业四川行”期间，深圳市盛诺维科技有限公司与绵阳经开区正式签约，在区内从事兽用超声波设备研发与生产项目。项目总投资0.25亿元，租用区内积家工业园541平方米标准厂房实施。至年底，该项目已实现量产。

【电感器件生产用全自动伺服绕线机设备研发与生产项目】 2016年9月，第四届中国（绵阳）科技城国际科技博览会期间，东莞市石碣宝成自动化设备制造厂与绵阳经开区正式签约，在区内从事电感器件生产用全自动伺服绕线机设备研发与生产项目。项目总投资0.2亿元，租用区内南湖电子信息工业园1400平方米标准厂房实施。至年底，该项目已实现量产。

化工环保产业招引

【概况】 绵阳经开区化工环保产业方向重点发展生物制品制造、生物技术应用，发展的重点领域：生物农业用品、生物化工制品制造、优良育种、水污染治理、污水处理及其再生利用等 。2016年招引化工环保产业项目4个，协议引资2亿元。

【年产2500吨化学品生产线项目】 2016年9月，第四届中国（绵阳）科技城国际科技博览会期间，四川利拓化学有限公司与绵阳经开区正式签约，在区内从事年产1200吨40%敌草快母药、年产600吨丙炔氟草胺、年产500吨苯醚甲环唑、年产200吨甲噻诱胺项目。项目总投资1亿元，新建及改造厂房和配套设施约2万余平方米。至年底，该项目已投产。 （何伦）

现代服务业招引

【概况】 2016年，绵阳经开区现代服务业发展迅速，随着五和城南新天地等多个大型商业体投入使用，经开CBD万达广场项目规划调整接近完成，机场路汽贸商圈进一步品牌优化升级，红桥路特色餐饮街集聚效应初步突显，区内商气、人气已逐渐聚集，形成新的商业中心雏形。截至2016年底，经开区开发房地产面积已超过700万平方米，沿机场东路汽贸商圈建成各类品牌汽车4S店超过40家，红桥路“特色餐饮一条街”聚集各类特色餐饮店超过80家。

【房地产商业项目】 2016年来，绵阳经开区成功引入五和城南新天地太平洋影城、华联超市、神州南都沙砾蒙养幼儿园、中玮海润城儿童职业体验中心欢乐小镇、万达十字金街、卓信金楠天街特色餐饮街等为代表的商业项目等多个项目。绵阳市随缘实业有限公司龙跃三江房产项目开始建设。

【沙砾蒙养幼儿园】 是绵阳市经开区社发局批准设立的学前教育专业机构，2016年4月入驻绵阳经开区神州南都社区中心，占地7000余平方米，户外活动面积近千平方米。园内设备设施配套齐全，设有全覆盖视频监控系统，配备国际标准化教室，设置多种类型的高品质功能室：科学发现室、陶艺美劳室、绘本馆、生活馆、亲子瑜伽馆、国学馆、恒温游泳池、微机室、击剑馆、舞蹈室、早教中心等。

【机场路汽贸商圈】 2016年，绵阳经开区新增汽车品牌4S店3户，至年底，绵阳东孚汽车销售服务有限公司投资3000万元的上海通用别克4S店、绵阳捷安汇通汽车销售服务有限公司投资1000万元海马汽车4S店、绵阳速能汽车销售服务有限公司投资2000万元的比速4S店3户均投入使用。同立集团2016年开始进行汽车城项目改造升级规划设计，拟对同立汽车城进行全面改造升级。

【新能源项目引进】 2016年，新引进中国邮政集团邮政电商创业园、重庆移峰新能源有限公司新能源汽车换电站项目、力帆实业集团公司新能源汽车租赁平台等多个项目。

【力帆实业（集团）股份有限公司】 成立于2015年5月27日，注册资本1000万元，由力帆集团投资，用新能源车，采取分时租赁、专车租赁、企事业机构团体长租等形式，提供“互联网+车联网”用车服务。公司致力于打造创新的高性价比用车服务模式，依托车联网与能源网的管理系统，以及力帆“超级能源站”在全国范围内的投资建设，根据客户的不同需求，推出个性化、定制化的绿色出行服务。2015年8月25日，力帆集团新能源汽车正式交付重庆盼达汽车租赁有限公司（以下简称盼达用车），力帆iBlue 1.0战略（Intelligent Blue Strategy）之一新能源“泛蓝生活”计划正式启动，2016年，该计划为消费者带来全新用车体验。

【重庆移峰能源有限公司】 2016年6月1日在绵阳经开区投资1000元万注册成立，是力帆股份下属全资子公司，主要经营电动车用大型充电和换电设备的制造、组装和销售。新能源站的设计项目开发，组织新能源站的项目建设，为电动车提供充电、换电服务。

（王家琦）

合作交流

【概况】 2016年，经开区邀请来自北京、上海、重庆、广东、江苏、浙江、福建、河南、陕西等地的重庆力帆集团、昆山科信成电子、昆山佰奥智能装备、宁波摩米创新、大唐集团、万柳集团、迪森股份等企业到区考察、座谈共计80批次。

【市投促局到区调研】 2016年2月17日，市投资促进局局长邓辉带领市投促局各驻外分局、各科室主要负责人到经开区调研投资促进工作。区党工委书记毛一兵，区党工委副书记、管委会主任代宏出席座谈会并深入交流。双方明确，市投促局支持经开区重点招引高端装备制造、电子信息和生物医药等产业项目，为全市实现500亿国内省外到位资金等“三五”攻坚计划作出经开区贡献。

【深圳市绵阳商会到区参观考察】 2016年3月20日，深圳市绵阳商会执行会长陈开才一行到经开区参观考察，区党工委书记毛一兵，区党工委委员、管委会副主任陈鼎及绵阳文化旅游集团有限公司有关负责人陪同考察。陈开才表示，商会将在经开区与深圳企业之间搭建起沟通更加顺畅交流更加频繁的桥梁。

【中航工业幸福航空控股有限公司到区参观考察】 2016年4月13日，中航工业幸福航空控股有限公司副总经理罗雪平一行到经开区参观考察，双方就打造水上飞机观光旅游项目进行深度交流。市政府副市长王瑜，绵投集团副总经理、文旅集团总经理景茂斌，区领导代宏、戴顺贵陪同考察并介绍情况。

【北京万柳集团到区参观考察】 2016年6月3日，北京万柳集团执行董事代伟、深圳天荣投资有限公司总经理梁枫一行到经开区参观，考察大型水上运动项目。副市长王瑜，区党工委书记毛一兵等陪同。

【深圳企业家考察团来区参观考察】 2016年10月28日，30多家深圳企业组成的考察团到经开区参观考察。区党工委书记毛一兵，区党工委委员、管委会副主任陈鼎陪同参观和座谈推介经开区。考察团企业家对经开区人居环境优越、产业布局合理、设计规划超前表示肯定，表达到经开

深圳企业家考察团到绵阳经开区参观考察

区投资兴业的积极愿望。

【省投资促进局副局长戴绍泉到区调研】 2016 年 12 月 8 日，省投资促进局副局长戴绍泉到经开区深入四川旭虹光电科技有限公司调研高铝盖板玻璃项目推进情况。副市长韩圣健，市投促局局长邓辉，区党工委副书记、管委会主任赵明君等陪同。戴绍泉对旭虹光电小尺寸高铝盖板玻璃项目实现稳定量产表示赞许，希望旭虹光电以京东方第 6 代 AMOLED（柔性）生产线项目落户绵阳为契机，加大技改投入，力争吸引和集聚更多的上下游产业链配套项目，实现显示产业项目本地配套，为四川打造“西部新型显示产业基地”，占领未来显示产业竞争制高点作出贡献。

【锦江麦德龙现购自运公司、迪卡侬（成都）体育用品公司到区参观考察】 2016 年 12 月 12 日，锦江麦德龙现购自运有限公司、迪卡侬（成都）体育用品有限公司管理层到经开区参观考察，区党工委副书记、管委会主任赵明君，区领导陈鼎陪同。双方就在绵阳经开区开设超市达成意向。

【华联新世界商业管理集团到区参观考察】 2016 年 12 月 15 日，华联新世界商业管理集团董事长高忠杰到经开区参观考察经开区商业氛围，调研经开区特色商业区和大型综合体项目，区党工委书记毛一兵，区领导陈鼎、朱均陪同。双方就在绵阳经开区开设大型超市达成意向。

（郁江）

重大招商活动

【概况】 2016 年重点对高端装备制造、电子信息、生物三大产业涉及的国内外协会、龙头企业进行梳理，通过北京绵阳商会、深圳市绵阳商会、绵阳市投促局驻外分局等机构与企业建立联系。通过电子信息专家库，利用专家对招商引资项目进行咨询、评审。2016 年，经开区参加川商返乡、中外知名企业四川行、四川电子信息产业合作推介会、绵阳科技城综合保税区投资恳谈会、北大光华管理学院校友团走进绵阳、全联科技装备业商会会长会议、2016 中国西部海外高科技暨高端人才洽谈会、第四届中国（绵阳）科技城国际科技博览会、第十六届中国西部国际博览会、2016 中国（四川）电子商务发展峰会等省、市重大招商引资活动 24 次，在活动中成功签约项目 45 个。

【川商返乡】 2016 年 2 月 26 日，绵阳经开区代表团参加 2016 年川商绵阳行活动暨绵商返乡发展大会，会上与北京数字港湾科技有限公司食品、化妆品电商项目签约，参加大会的部分川籍、绵阳籍企业家到经开区考察。

【中国（绵阳）科技城投资推广会】 2016 年 3 月 10 日~11 日，区党工委书记毛一兵陪同绵阳市委书记彭宇行率队的代表团，赴香港开展投资促进活动，在“中国

（绵阳）科技城投资推广会”会上，毛一兵与香港千里眼控股有限公司、香港喜登宝履铜板公司进行对接交流。

【2016中外知名企业四川行】 2016年4月12日，“2016中外知名企业四川行”活动在成都举行，经开区签约项目6个，签约资金12.25亿元。会上与深圳宏泰电池科技有限公司签约，该公司在到区首期投资5.3亿元，建设年产1.2亿安时高能动力电池组自动化生产线和新能源技术研发中心。

【“四川省–俄罗斯基洛夫州”经贸合作推介会】 2016年3月24日，经开区组织金洋钰景家居、昊阳药业、数字港湾科技、超声先锋贸易等企业赴成都参加四川省–基洛夫州经贸推介会暨企业洽谈会。基洛夫州是俄罗斯伏加尔河沿岸联邦区14个联邦主体之一，面积12.08万平方公里，总人口131.1万人，首府为基洛夫市。此次到成都的经贸代表团主要由食品、木材加工、旅游、玩具制造、医学、轻工业及投资行业组成。

【2016中国西部海外高科技暨高端人才洽谈会】 2016年9月12日，2016中国西部海外高科技登高端人才洽谈会在成都举行，绵阳经开区签约项目12个，投资总额6亿元。

【第四届中国（绵阳）科技城国际科技博览会】 2016年9月22日，在第四届中国（绵阳）科技城国际科技博览会上，经开区与19家企业签订项目投资协议，协议金额26.96亿元。落户经开区重大项目主要有，四川电子军工集团总投资5.03亿元实施的电子连接器、汽车摩托车零部件的研发、生产及销售项目，四川利拓化学有限公司投资1.6亿元实施的年产1200吨40%敌草快母药、年产600吨丙炔氟草胺、年产500吨苯醚甲环唑、年产200吨甲噻诱胺项目，四川金砂砾教育管理有限公司投资1亿元实施的教育基地建设项目。

【第十六届中国西部国际博览会】 2016年11月3日~6日，第十六届中国西部国际博览会在成都举办，绵阳经开区组织长虹教育、旭虹光电、豆萁科技、蜀旺新能源、宝天智控等15家工业企业参展、参会，签约19个项目，金额8090万元。

表12　　经开区2016年参加省、市重大招商引资活动表

序号	活动名称	活动地点	活动时间	签约项目个数
1	川商返乡	绵阳	2月	1
2	中国（绵阳）科技城投资推广会	香港	3月	—
3	颜超常委率队赴杭州、苏州开展投资促进活动	杭州	3月	—
4	智·造2016中国（绵阳）科技城机器人高端峰会	绵阳	3月	—

续表12

序号	活动名称	活动地点	活动时间	签约项目个数
5	中科院支持绵阳科技城建设成果对接会	绵阳	4 月	—
6	2016 知名企业四川行	绵阳	4 月	6
7	中国（绵阳）科技城综合保税区投资恳谈会	成都	6 月	—
8	2016 中国（成都）电子展	成都	7 月	—
9	全联科技装备业商会	绵阳	8 月	—
10	第十九届中国国际投资贸易洽谈会	厦门	8 月	—
11	第四届科博会	绵阳	9 月	19
12	中国西部海峡两岸经贸合作交流会	成都	9 月	—
13	第三届新疆兵团绿洲产业博览会	新疆	9 月	—
14	2016 中国西部海外高新科技人才洽谈会	成都	9 月	12
15	欧美同学会	绵阳	10 月	—
16	2015 电子商务发展峰会	绵阳	10 月	1
17	第三届中国智能汽车国际论坛	成都	11 月	—
18	西博会	成都	11 月	6
19	第四届农博会	成都	11 月	—
20	西部投资大会	成都	11 月	—
21	九三学社川东北片区第四次工作联席会	绵阳	11 月	—
22	国资委—绵阳市项目对接洽谈会	成都	11 月	—
23	第二十三届中国西部国际装备制造业博览会暨中国欧亚国际工业博览会	绵阳	11 月	—

（表：张樑）

缔结友好园区

【概况】 2016 年，绵阳经开区与新疆阿拉尔经济技术开发区、昆山经济技术开发区签订合作协议，缔结友好园区，将在招商引资、行业发展、企业动态等方面互通信息，在园区管理、园区建设、政策制定、基础设施建设等方面共享经验。通过互派挂职、短期交流等方式，加大双方园区在管理人才、专业技术人才等方面的交流培养。同时，双方每年组织企业到对方园区学习考察，促进两地企业间交流合作。

【与新疆阿拉尔经济技术开发区管委会签订战略合作框架协议】 2016 年 8 月 24 日，绵阳经济技术开发区管委会与阿拉尔经济技术开发区管委会在阿拉尔签订战略合作框架协议，共建美丰科技产业园，建立运行机制，进一步推动两地友好园区深度合作。绵阳经开区党工委书记毛一兵、阿拉尔经开区党工委书记、管委会主任王永冬代表双方签订协议。

【与昆山经济技术开发区管委会签订合作框架协议】 2016 年 12 月 1 日，“长江经济带东、西部国家级经开区交流合作活动” 在成都举行，绵阳经济技术开发区和昆山经济技术开发区在会上签订合作框架协议，缔结为友好合作开发园区，绵阳经开区党工委副书记、管委会主任赵明君与昆山经开区管委会副主任潘建康代表双方签订协议。 （郁江）

区领导重要投促活动

【概况】 2016 年，区党工委管委会主要领导先后赴北京、深圳、上海、重庆、昆山等地开展投资促进活动 26 次，促进项目 38 个，区投资促进局开展小分队招商 24 次，促进项目 32 个。先后与北京凌工科技有限公司、深圳市盛诺维科技有限公司、四川电子军工集团、珠海豆科商贸有限公司、力帆实业（集团）股份有限公司、香港成功国际投资集团有限公司、华联超市股份有限公司等开展交流对接。

【到北京中国水利水电第一工程局参观考察】 2016 年 1 月 18 日，区党工委书记毛一兵赴北京考察中国水利水电第一工程局有限责任公司，双方就经开区基础设施建设等进行洽谈。

【到重庆考察重庆兄弟实业(集团）公司】 2016 年 3 月 2 日，区党工委副书记、管委会主任代宏带队赴重庆考察重庆兄弟实业（集团）有限公司。该公司创建于 1996 年，总部设于重庆市渝中区，注册资本 1 亿元，经过近 10 年发展，已成为拥有 50 亿元资产，集房地产开发、建筑施工、服装交易市场、汽车市场、星级酒店、食品生产、金融服务等为一体的大型综合企业。

【中经云大数据广存储产业中心项目促进】 2016年3月9日，区管委会副书记、管委会主任代宏带队赴北京与中经云数据存储科技（北京）有限公司（以下简称中经云公司）相关负责人就大数据光存储产业中心项目的进展进行深入交流。10月13日~14日、11月27日~29日，区党工委书记毛一兵多次赴北京拜访中经云公司，就大数据光存储产业中心项目进展情况进行深入交流。中经云公司是由国家信息中心发起成立并控股的项目公司，负责我国大数据安全归档技术国家标准。

【到北京拜访凌工科技公司及中铁二十五局集团公司】 2016年3月9日，区党工委副书记、管委会主任代宏带队赴北京凌工科技有限公司新能源汽车顺义工厂参观考察，与公司负责人就该司拟在经开区从事精密制冷仪器、新能源汽车测试设备、军用制冷装备等研发、制造、销售项目相关事宜进行初步交流。并拜访中铁二十五局集团有限公司，该公司是经国家工商总局核准注册的国家特大型施工企业集团，总部设在广州市。

【到昆山与四川商会会员企业恳谈】 2016年3月13日~18日，区党工委委员、管委会副主任戴顺贵带领招商小分队赴昆山开展投资促进活动。参观昆山科信诚电子有限公司、昆山鸿永盛模具有限公司研发生产基地，并与昆山四川商会会员单位企业家代表20余人开展投资恳谈活动共叙乡情，戴顺贵向与会企业家推介经开区投资环境并热忱邀请企业家朋友们回乡实地考察投资环境、共谋发展。

【到洛阳高新区考察学习】 2016年4月14日，党工委书记毛一兵赴河南洛阳高新技术开发区考察学习其在产业发展、专业园区、政务服务方面的先进做法和经验。与郑州盛源科技有限公司相关负责人进行深入交流，诚邀对方到区进行实地考察。

【到深圳开展投促活动】 2016年5月9日~11日，区党工委委员、管委会副主任陈鼎率队赴深圳开展投资促进活动，参加深圳市绵阳商会3周年庆典暨第二届换届仪式。

【到北京万柳集团总部参观考察】 2016年5月19日，党工委书记毛一兵带队赴北京万柳集团总部实地参观考察，希望借助该公司在政府项目建设、旅游观光、运动休闲与文化娱乐等方面的优势，大力发展三江湖水上F1、游艇、摩托艇体验项目。考察期间，参观第十九届中国北京国际科技产业博览会。

【到昆山开展投促活动】 2016年5月30日，党工委书记毛一兵带队赴昆山科信成电子有限公司总部实地参观考察，并就该公司到区设立精密连接器及线束研发与生产项目与公司相关负责人进行初步沟通。拜访昆山佰奥自动化有限公司，并就公司到区从事产线自动化改造技术合作项目项目与公司相关负责人进行初步沟通。

【到杭州促进项目】 2016年7月4日~8日，区党工委副书记、管委会主任代宏赴杭州参加高端人才班培训脱产学习期间，拜访杭州海康威视科技有限公司负责人，就公司在经开区从事安防视频监控产品研发、生产和销售项目进行洽谈。赴浙江大学国家大学科技园宁波分园就园区孵化平台的资金资助、辅导服务等进行深入交流。

【到成都开展投促活动】 2016年7月6日~7日，区党工委书记毛一兵赴成都拜访深圳富王科技有限公司成都分公司负责人，对经开区园区规划、投资环境进行详细介绍并诚邀对方到区进行实地考察投资。

【银政企融资促进】 2016年7月18日~19日，区党工委书记毛一兵一行赴成都拜访南洋银行成都分行负责人，就经开区、银行、区内企业合作模式及该银行拟为区内目标企业开展融资服务等事宜进行洽谈。基本形成支持目标企业发展给予授信等共识。

【到苏州拜访上海复星医药（集团）公司】 2016年8月2日~4日，区党工委副书记、管委会主任代宏赴苏州拜访上海复星医药（集团）股份有限公司负责人，就该公司在经开区建设营利性三甲专科医院形成共识，达成意向。

【到大连理工大学招才引智】 2016年9月7日~9日，区党工委副书记、管委会主任代宏赴大连拜访大连理工大学软件学院负责人，与该院就推动知名高校与经开区企业整合资本、技术、人才、信息等资源，共同建立联合科研实验室进行洽谈。

【到成都促进项目】 2016年9月20日，区党工委书记毛一兵赴成都开展招商引资活动，与炫境科技有限公司、陌云科技有限公司主要负责人分别了解“全息透视裸眼3D屏”项目和跨境电子商务项目设计研发运营管理等情况、并寻求进一步合作进行交流座谈。

【到北京拜访中兴通集团】 2016年10月13日~14日，区党工委书记毛一兵赴北京拜访中兴通集团，向企业负责人介绍经开区园区规划，投资环境，诚邀对方到区进行实地考察。

【到重庆开展投促活动】 2016年11月1日~2日，党工委书记毛一兵赴重庆与力帆实业(集团）股份有限公司相关负责人就新能源汽车充换电能源站（栈）建设项目进行深入交流。与重庆渝富控股集团有限公司相关负责人，就创新发展模式，促进区域内工业专业化，工业园区开发运营的运作思路，多方面多层次招商引资等方面进行交流洽谈。

【到成都与宏高（深圳）电子商务综合服务有限公司交流】 2016年11月16日~17日，区党工委书记毛一兵赴成都与宏高(深圳）电子商务综合服务有限公司销售总监就该司拟与经开区已落户企业就保税备货/境外直邮、一般贸易等领域开展通路等合作相关事宜进行深入交流。

【到成都拜访企业】 2016年11月30日~12月1日，区党工委副书记、管委会主任赵明君赴成都分别拜访香港喜拼乐跨境电子商务股份有限公司(成都喜拼乐科技有限公司)、中国大地财产保险股份有限公司四川分公司。就项目落户经开区进行洽谈。

【到重庆拜访正威国际集团】 2016年12月15~16日，区党工委书记毛一兵赴重庆拜访正威国际集团有限公司西南区域总部负责人，就催动该公司拟在川投资100亿元建设“一中心三基地”（国际创新中心，电子信息、新材料和无人机雷达基地）项目落户绵阳经开区进行深入洽谈。

【双胞胎集团西南区域中心项目促进】 2016年12月11日~13日，区党工委书记毛一兵赴南昌拜访双胞胎集团负责人，就推动该公司在西南地区拟设立区域中心落户绵阳经开区进行洽谈。

【艾华集团项目促进】 2016年12月15日~16日，区党工委副书记、管委会主任赵明君赴湖南拜访艾华集团股份有限公司负责人，就该公司铝电解电容器、集电极箔与设备研发、制造与生产项目进行洽谈。

【东旭集团生产线项目促进】 2016年11月27日~29日，区党工委书记毛一兵陪同绵阳市委书记彭书记一行赴北京东旭集团总部，对接东旭集团在绵阳计划投资15亿元的曲面显示用盖板玻璃生产线项目，及旭虹光电再建一条浮法高铝平板玻璃生产线项目进行深入交流。（郁江）

经开区商会成立

党务政务

Party Affairs and Government Affairs

党的建设

【概况】 2016年，绵阳经开区党工委落实全面从严治党要求，以开展“两学一做”学习教育为契机，进一步落实党建责任，从严抓实思想教育、选任干部、改进作风、制度建设、人才培训等工作，全面凝聚推动全区经济社会快速健康发展的正能量。

区党工委下属有各级党组织112个，其中党（工）委6个、党总支3个、党支部103个；非公有制企业党组织46个，社会组织党组织1个。成立区非公有制经济和社会组织工委，下辖综合党委3个，党总支3个、党支部39个；全区有党员3144人，其中机关事业单位党员423人、企业单位党员251人、基层党员2470人；全年新发展党员45人；培养入党积极分子80人。受省级表彰优秀党务工作者1人；受市级表扬先进集体3个，优秀共产党员2人，优秀党务工作者1人。

【基层组织建设】 2016年，区党工委牢牢把握全面从严治党这条主线，抓好新一届镇党委、街道党工委建设，完成各项培训工作。组织实施“三分类三升级”活动，完成2个后进村转换，一般党组织升级率30%。区财政全年投入党建工作经费984万元，其中区党工委党建支出79万元，用于区党建工作、离退休老干部活动、困难老党员慰问、党报党刊征订等。村、社区党组织书记基本报酬达到2900元/月，主任2700元/月，四职干部2500元/月。全区村（社区）办公经费、服务群众专项经费共计250万元。25个村（社区）活动阵地标准化建设覆盖率达100%，有效增强基层党组织的凝聚力、战斗力。

【“两学一做”学习教育】 2016年5—12月，按照中央、省委和市委部署，在全区开展“学党章党规、学系列讲话，做合格党员”学习教育。区党工委把做好此项工作作为全区党建工作的龙头任务，深刻领会习近平总书记对开展“两学一做”学习教育作出的重要指示精神，全面认识和准确把握“两学一做”的科学内涵，坚持“抓在日常、严在经常”，区分层次、分类指导，切实抓紧抓实抓出成效，确定每月20日为全区固定主题党日。区党工委领导率先垂范，带头讲党课，深入阐释学习党章党规和习近平总书记系列重要讲话精神的重要意义，深入项目拆迁现场和建设现场督促指导工作，带头参加双重组织生活、民主生活会，参与党支部“守初心、葆本色”等主题党日活动和交流“坚定理想信念、明确政治方向”等三个专题讨论。全区各党员领导干部深入基层党组织示范讲党课80余场次和开展巡回讲党课6场次，持续整改29个新老问题，着力推动“八个持续经常”，切实做到了“两手抓、两促进、两不误”。

【非公经济和社会组织工委成立】 2016年10月17日，根据《中共绵阳市委办公室印发〈关于加强社会组织党的建设工作的实施意见（试行）〉的通知》（绵委办发〔2016〕14号），和市委组织部《关于成立非公经济和社会组织党建工作机构的通知》要求，成立中共绵阳经济技术开发区非公经济和社会组织工作委员会，挂靠区党群工作部，下设3个综合党委和1个直属党支部，负责全区非公有制经济和社会组织党建工作，书记由区党群工作部部长杨涛兼任。

【区直机关工委成立】 2016年12月27日，为适应党建工作新形式，进一步加强区直机关和事业单位党的建设，绵阳经开区撤销原中共绵阳经济技术开发区机关委员会，成立中共绵阳经济技术开发区直属机关工作委员会（简称区直机关工委）。主要负责区机关各部门、区直事业单位和区直国有企业党建工作，书记由区综合办主任李何兼任。

【党员示范行动】 2016年，全区开展“百业联动、万人争先”党员示范行动，组织引导广大党员立足岗位和自身实际，在生产、工作、学习和社会生活中创先争优、带头示范，成为各行业、各领域的先锋模范。全区共命名共产党员示范岗62个，共产党员示范团队21名，共产党员示范单位15名。以党员个体示范形成整体示范，通过创建党员示范岗、示范团队和示范单位，形成完备的共产党员示范体系。

【党建责任完善机制】 2016年，区党工委落实全面从严治党，层层压实党建主体责任。全年听取党建工作专题汇报5次，专题调研基层党建工作3次，听取群团工作汇报2次，书记调研基层党建6次，撰写党建调研文章1篇，召开党建领导小组会议4次。落实各级党组织党建工作主体责任，并将党建工作责任制列入年度考核。与市委，区党工委与6个基层党（工）委，6个基层党（工）委与下级党组织层层签订《党建工作目标责任书》。区各级党组织书记公开承诺党建工作“第一责任人”职责，接受各方面监督。

【庆祝建党95周年】 2016年6月30日，经开区召开庆祝中国共产党成立95周年大会，区党工委书记出席并作《坚持道路自信、理论自信、制度自信——奋力谱写经开区“二次创业”崭新篇章》的辅

庆祝建党95周年大会

【“12·4”国家宪法日宣传活动】 2016年12月2日，全区“12·4”宪法宣传日集中宣传活动在南区花园集中举行，近20个部门进行联动普法。市司法局党委委员、副局长廖超伦，经开区党工委委员、纪工委书记张治冬，党工委委员、管委会副主任周世权到场参加活动。活动共展出法治宣传展板50余张，发放各类政策法律读本200余册、法治宣传单4000余份、法治购物袋600余个，接待参观咨询群众500余人次。

“4·19”国家安全教育宣传日开展活动

“12·4”国家宪法日宣传活动

政务服务综合工作

【政务服务】 2016年，绵阳经开区整合政务服务资源，将产业化服务中心作为面向企业的“一站式”服务大厅来打造，完善区机关、镇（街道）便民服务中心、村（社区）便民服务室三级政务服务体系，完善各项制度，先后印发《政务服务监督管理办法（试行）》《行政审批项目监督管理制度》，明确工作职责，规范行政审批程序。权力清单制度全面推行，部门行政职权及其法律依据、实施主体、运行流程、监督方式等信息均在门户网站进行公示，对承担的行政审批事项均发布服务指南，公开权力清单11份、办事指南131条、权力运行图131份。形成经开区行政审批事项目录和行政权利力清单，逐项完善各具体事项的办事指南，实现行政审批承诺办理时限在法定时限基础上平均提速70%以上，行政审批现场办结率实现90%以上。

【政务信息公开】 2016年，绵阳经开区门户网站全面改版升级，及时全面公开投资优惠政策、劳动保障措施、民生工程等信息。通过广播、电视、报纸和区领导主动接受媒体采访报道等形式，主动公开园区发展状况、重点工作开展情况、重点项目进展情况，及时在门户网站公示城市基础设施、节能环保、民生工程、项目招投标、安全验收检查等信息。全面公开医疗卫生领域信息、就业信息和机关单位招聘信息，定期发布人力资源市场供求信息。在区门户网站开设“园区要闻”“企业服务”“公共服务”等42个栏目，“政务公开”专栏12个，访问量达1302723次。共在“政务服务”栏目公开各部门（单位）权力清单11份、办事指南131条、权力运行图131份。全年主动公开政府信息946条，其中概况2条、计划总结4条、规范性文件12份、工作动态672条、人事信息18条、财政信息33条、其他信息205条；通过网站公开832条，其他方式公开114条。全年群众来信、咨询办理率100%，受理网络理政(书记市长）信箱181件，群众满意率88.7%。（罗莉）

【深化改革】 2016年，绵阳经开区推进经济、行政、工商等十几个领域70余项体制机制改革。细化“住改商”“工改商”分类处置，制定“营改增”、区属国有公司管理考核办法、国有资产监督管理实施办法和区属国企负责人薪酬制度改革实施意见。2469户企业完成“五证合一”，占比77.47%。推进全面创新改革实验12项。构建企业融资服务体系，组织瑞和昌天等9家企业通过“园保贷”融资3685万元。推动基金债券融资，引入日昇基金，与四川长虹教育科技有限责任公司形成6000万股权投资。构建项目孵化服务体系，新建孵化器、加速器2.65万平方米，总数达6个、15.65万平方米。完善“双创”服务体系，签约创新创业定点培训机构10所，组织SYB创业培训2期，建立返乡农民工创业园1个。（杜正翔）

【目标管理督查】 2016年，督查工作紧紧围绕上级党委、政府、人大、政协重大决策部署和区党工委、管委会部署的重大项目、重点工作和重要决策，抓关键、抓重点，严格督查，促进落实。切实抓好党中央、国务院，省委、省政府重大事项和市委、市政府“二批示、二办理、三重点、六会议”的督查督办落实。分解下达全年目标任务，每月一督查一通报，全面收集掌握进度，有针对性的推进落实。抓好区党工委、管委会会议纪要，全区重点项目、全区重点工作及领导安排工作的督查督办，适时通报推进情况。综合运用暗访倒查、重点督查、日常抽查等方式，灵活有效的开展督查督办，同时建设好目标督查督办网络平台，全面及时公开督查督办结果，有效推动工作落实，切实保障政令畅通。全年下发督查通知8期、督查通报24期，上报督查报告50份，各督查事项按时办结率达100%。办理回复人大建议、政协提案5次，满意率100%。（杨国蓉）

【全区冬小麦受灾】 2016年2月15日上午，塘汛镇金广村反映部分小麦出现枯黄现象，原因不明。之后松垭镇庙基子村和宝塔寺村也出现同样现象。接到情况反映后，经开区城统局会同镇、村迅速行动，察看灾情，果断处置，并请求市农业局农业技术推广中心技术指导。当日下午，市农业技术专家邓昌国等到塘汛镇、松垭镇现场察看，将枯黄小麦、土壤等样品带回分析。2月16上午，市农推中心判断回复："经开区冬小麦出现大面积枯黄原因是2015年12月25日左右极低气温造成的小麦冻害。"经调查统计，经开区冬小麦受灾面积1596.3亩。 （杨国蓉）

四川汉鑫软木制品有限公司"2016.10.16"火灾救援

机关事务

【政府采购】 2016年，绵阳经开区贯彻执行《政府采购法实施条例》，实行采购信息网上公开制度，增强透明度,有效减低采购成本。全年，区政府采购预算执行数628万元，比2015年增加167万元，增长36.22%；实际完成政府采购金额576万元，比2015年增加147万元，增长34.26%,节约资金52万元，节约率8.28%。 （杨翠）

【后勤保障服务】 2016年，为区机关办公室和公共区域摆放更换绿色植物80余株；组织修缮区机关办公区水电、空调、盥洗池等10余次，更换节能灯200余只；修补区机关门前道路地砖2次、屋顶防水3次，清掏沟渠2次；完成区机关停车场改造，划分车位121个，栽种桂花树、栾树240株；全面完成全区公务员及参照公务管理事业单位公务用车制度改革工作，取消公务用车62辆，保留公务用车4辆；组织区级部门(事业单位)、镇(街道)干部职工健康体检526人次；全年，区机关南苑食堂为6万余人次提供午餐服务。

【公共机构节能】 2016年，绵阳经开区以手机短信、QQ群为平台，向各部门(单位)、学校、医院、卫生院、企业分管领导和联络员发送节能公益信息，要求各部门（单位）以建设生态文明为主线，以动员社会各界参与节能降耗为重点，普及生态文明、绿色发展理念和知识，形成崇尚节约节能、合理消费与低碳环保的社会风尚，推动形成绿色化生产生活方式。结合公共机构节能宣传周活动，围绕“节能领跑　绿色发展”主题，组织参加“长虹杯绿色四川”节能知识有奖答题、节俭养德全民行动签名等系列活动，全方位、多层次、大范围开展宣传。据全区年报数据统计，公共机构人均综合能耗为72.3千克标煤/人，单位建筑面积能耗为8.364千克标煤/平方米，完成节能目标任务。

（惠慧）

“春风送岗·四项承诺”招聘会

人民团体
People's Organizations

总工会

【概况】 2016年，区总工会紧紧围绕提高工会自身建设科学化水平、增强工会组织吸引力和凝聚力的主题，参与民生建设、夯实组织基础、加强自身建设，从基层工会组织建设、困难职工帮扶、职工维权、创新创业、创新企事业单位民主管理、职工文化建设等工作入手，做好各项工会工作。区总工会设主席1名，常务副主席1名，副主席1名，工作人员3名。下属基层工会组织384个，涵盖法人企业(单位) 1050家，工会会员27879名。2016年度，区总工会获市总工会年度考核一等奖，绵阳市工会维权工作先进单位，工会财务工作先进单位。

【困难职工帮扶】 2016年，区总工会开展冬送温暖活动，慰问困难职工127人，发放慰问金7.67万元。7月送清凉活动慰问一线职工400人，发放慰问品1.5万元。金秋助学活动资助困难职工子女90人，发放慰问金5.65万元。女职工关爱行动慰问职工5人，发放慰问金0.4万元。困难职工生活和医疗救助75人，发放慰问金5.25万元。联合区劳保中心、团工委、妇工委等部门举办“经开区2016年春风送岗位—四项承诺大型招聘会”，园区40家、区外市内86家用工企业提供就业岗位7000余个，工会组织的75名下岗职工、农民工当日现场达成就业协议。深化职工医疗互助保障活动，大力推进职工住院医疗互助保险、女职工大病医疗保险，全年为全区450名职工购买职工医疗互助保险，为其中7名患病职工报销工会医疗互助保险费用1.0376万元。

【职工创新创业】 2016年，区工会加强职工创新创业扶持力度，通过职工创业带动就业的方式，强化就业援助和职工创新工作。12月19~30日，区总工会牵头承办市总工会困难职工子女、下岗职工、农民工2016年SYB创业培训，使用培训资金15万元，培训职工60人（培训标准2500元/人）；向省总申报创业小额贷款帮扶资金33万元，扶持区内职工创业项目110个。

【职工文化建设】 2016年，区总工会坚持以文体活动凝聚职工，全面提升职工素质。加强职工书屋和农民工文化驿站建设，在社区和项目工地新建农民工文化驿站1处，至年底全区共设立职工书屋21个。开展禁毒宣传进企业工作，组织职工拒绝毒品“零计划”宣传活动，组织基层工会职工100人参观绵阳市戒毒所1次。

【庆“五一”安康杯篮球赛】 2016年4月27日至5月17日，区总工会联合区宣传文化中心、区社发局在南苑篮球场举办庆“五一”安康杯篮球赛，区内12支代表队参赛。区党工委书记毛一兵出席开幕式并致辞和开球。经过21天激烈角逐，经开区消防代表队获得冠军，城南公安代表队获得亚军，区社发局代表队、经开国土代表队获得季军。其他8支代表队获得体育道德风尚奖。41名同志评为优秀运动员、优秀裁判员。

庆“五一”安康杯篮球赛

【职工乒乓球比赛】 2016年11月9~17日，区总工会主办的职工乒乓球比赛在桃花岛体育公园举办，全区28家单位的186名运动员同台竞技。经过9天角逐，绵阳市第十九中学陈统才、经开区国税局顾城中分获男子单打冠军、亚军。绵阳市塘汛小学张菊红、绵阳市第十一中学李银华分获女子单打冠军、亚军。绵阳市第十九中学陈统才、尹传辉，绵阳市第十一中学杜奎、王强分获男子双打冠军、亚军。绵阳市第十一中学李银华、杜玲，绵阳市第十一中学李利辉、何邦宪分获女子双打冠军、亚军。

【民主管理制度改革】 2016年，区总工会进一步健全民主制度，促进企事业单位科学发展。制订《创新企事业单位民主管理制度改革、完善创新厂务公开民主管理及工资集体协商工作方案》，全面实施工资集体协商提质增效2014—2017年工作规划。大力推行区域（行业）工资集体协商，开展工资集体协商职工满意度测评，切实提高工资专项集体合同的实效性和履约率。加强典型引领，选树培育新的集体协商先进典型3个。指导全区涉及职业病危害的10家企业签订职业病防治专项集体合同，职业病防治专项集体合同实现全覆盖。

【魏德清技能人才创新工作室】 2016年由绵阳市总工会批准成立。该工作室由绵阳海立电器有限公司高级工程师魏德清带队及8名高素质人才组成。该工作室在产品开发、技术管理、质量控制等方面有着丰富的经验与较强的实力，拥有行业先进设备与检测仪器26台（套），拥有上海日立国家级企业技术中心的技术优势，专注于环保、高能效、小型化，持续为客户提供一流的压缩机产品与服务。创新设计的“连接管压入一体式压头”已申报国家级专利2项，该项发明已在绵阳海立全线使用，并在上海、南昌、印度海立工厂全面推广使用。该工作室创新成果——“并一体式压头”在海立集团内部降低1%的废损，产生经济效益约200万元/年。

【宫汝华技能人才创新工作室】 于2016年由绵阳市总工会批准成立。工作室由四川旭虹光电科技有限公司工程师宫汝华带队及36名高素质人才组成。工作室拥有一流的研发环境、先进的专业生产设备和完整的品质测试设备，以技术为先导，拥有一支具备国际视野的技术专家（包括外聘韩国专家3人）。主要围绕平板显示器专用玻璃进行研究开发，采用完全自主知识产权完成了玻璃料方研发、生产工艺流程设计、玻璃质量指标控制、ITO镀膜技术、设备配置选型等关键核心技术。已获得授权发明专利12项、适用新型技术58项，研发的“基于浮法工艺生产高强超薄铝硅酸盐触控屏玻璃成套技术及产业化”获得2015年四川省科技进步一等奖，至年底在旭虹公司形成了年产600万平方米的规模化生产能力。

表13　　宫汝华技能人才创新工作室情况一览表

<table>
<tr><td rowspan="7">工作室基本情况</td><td colspan="2">工作室名称</td><td colspan="4">宫汝华技能人才创新工作室</td></tr>
<tr><td colspan="2">创建日期</td><td colspan="4">2013年1月</td></tr>
<tr><td colspan="2">工作室所在单位</td><td colspan="4">四川旭虹光电科技有限公司</td></tr>
<tr><td colspan="2">工作室地点</td><td colspan="4">绵阳市经开区涪滨路北段177号</td></tr>
<tr><td colspan="2">工作室团队人数</td><td colspan="4">36人</td></tr>
<tr><td colspan="2">工作室所属产业</td><td colspan="4">电子信息、新材料</td></tr>
<tr><td colspan="2">工作室主要从事哪方面的创新工作</td><td colspan="4">不同用途玻璃料方研发、在制品性能升级、新用途产品开发、玻璃工艺管理</td></tr>
<tr><td rowspan="2">工作室负责人情况</td><td>姓名</td><td>宫汝华</td><td>出生年月</td><td>1960.11</td><td rowspan="2">职称/技能等级</td><td rowspan="2">工程师</td></tr>
<tr><td>性别</td><td>女</td><td>学历</td><td>大专</td></tr>
<tr><td rowspan="5">工作室参与人情况</td><td>姓名</td><td>出生年月</td><td>学历</td><td>职称/技能等级</td><td>所在部门</td><td>主要分工</td></tr>
<tr><td>宫汝华</td><td>1960.11</td><td>大专</td><td>工程师</td><td>研发部</td><td>料方研发、产品性能升级</td></tr>
<tr><td>刘再进</td><td>1965.02</td><td>本科</td><td>高级工程师</td><td>研发部</td><td>料方研发、玻璃工艺管理</td></tr>
<tr><td>陈发伟</td><td>1979.04</td><td>本科</td><td>高级工程师</td><td>研发部</td><td>玻璃工艺管理</td></tr>
<tr><td>王卓卿</td><td>1981.01</td><td>大专</td><td>二级技师</td><td>研发部</td><td>玻璃工艺管理</td></tr>
</table>

【绵阳市“十大工匠”徐军】 徐军，男，汉族，中共党员，1975年出生，四川绵阳人，高中学历，高级车工、中级焊工，2011年进入四川华晨瑞安汽车零部件有限公司，一线车间职工，在一线生产岗位上做出了突出贡献。参加工作以来，带领工装夹具组参与491Q发动机进排气歧管的开发制造、4G22发动机飞轮、链轮、链轮室盖后油封、机油座、工装、夹具、刀具的设计、制造、调试，参与组合凸轮轴的生产制造及研发，使组合凸轮轴具有国际领先水平，并取得多项国家专利。先后带领新产品开发制造小组、研发制造法拉利赛车用凸轮轴，参与一汽汽车集团国庆大阅兵管理车车用凸轮轴的样件、开发及生产，参与一汽V6发动机、上汽NLE发动机、广汽P3\P4\P7发动机、台湾中华华擎1.5L、1.5T发动机、宝马N20发动机所用凸轮轴样件的开发，刀具的制造及生产。2010年、2012年、2013年、2015年荣获绵阳华晨瑞安汽车零部件有限公司“先进个人”，2014年荣获华晨集团“先进个人”等荣誉称号。2016年4月经绵阳市总工会评选，荣获“绵阳市十大工匠”光荣称号。 （何刚）

表14　　2016年度工会工作者获市级部门表彰名录表

序号	姓名	单位	所获奖项
1	徐　军	四川华晨瑞安汽车零部件有限公司	绵阳市十大工匠
2	陈　勇	绵阳经济技术开发区劳动保障服务中心	绵阳市工会优秀调解员和法律工作者
3	曾红兵	绵阳海立电器有限公司	绵阳市工会组织工作先进个人

团工委

【概况】 经开区团工委下设机关团委、企业团工委、社会事业团工委、松垭镇团委、塘汛镇团委、城南街道团工委等6个基层团（工）委，辖33个团支部，共覆盖团员806人，联系35岁以下青年1.6万人，全区团员注册志愿者共534名。2016年，区团工委被团市委评为“基层团建工作先进集体”。积家工业园董事长姜凌获评“绵阳市十大杰出青年”称号。南湖汽车站专职安全管理员韦金辰等人获得2016年度全市优秀共青团员、优秀共青团干部称号，松垭镇白山社区团支部荣获市级“五四”红旗团支部称号。

【青年创业社会扶持体系建设】 2016年，经开区成立50万元的SYE项目专项扶持资金，建立塘汛镇、松垭镇、城南街道及智汇谷孵化器、融创孵化中心等5个SYE志愿服务站，共招募10位SYE创业导师。全年共向市创业促进会申报8个青年创业项目，其中2名创业青年的项目通过复审，获5万元资金支持和专业导师一对一指导。

开展适合女性的计算机、烹饪、家政服务、家禽养殖、蔬菜种植、手工编织等专业技能培训，引导辖区妇女转变择业观念，提高就业能力。年内开展各类培训班27个，培训妇女800余人，解决妇女再就业300余人。

【关爱女性健康】 2016年，本着“关爱女性健康、传播爱心事业、造福社会福祉”的宗旨，区妇工委认真开展“关爱女性保障计划”，将关爱女性健康工作落到实处，避免女性陷入因病致贫、因病返贫的困境，2016年共为全区20名贫困妇女捐赠“关爱女性保障计划”国寿保险。积极统计全区符合“两癌”申报条件的妇女，根据《全国妇联关于在脱贫攻坚战中开展“巾帼脱贫行动”的意见》，对经过有检查资质的医疗机构确诊、患有宫颈癌2b以上或乳腺浸润性癌的农村贫困妇女建档申报。 （赵静）

交通运输

Transportation

富临南湖汽车站

【概况】 南湖汽车站是四川富临运业集团投资约3000万元兴建的社会公用型汽车客运站，于2003年10月落成，2004年9月8日正式营业，隶属于富临运业集团股份有限公司。车站位于绵阳经济技术开发区绵州大道北段98号，按交通部颁布的“一级汽车客运站”标准修建，环境优美，交通便利。2016年南湖汽车站实现营业收款7638.12万元，上缴税金134.89万元，安全输送旅客181.71万人。

【客运站服务质量管理】 南湖汽车站作为绵阳市交通运输行业的窗口单位，率先在同行业中通过ISO9001服务质量体系认证和GB/T28001职业健康安全管理体系。车站成立青年文明小组、小红帽温馨服务组，为广大旅客提供热情周到全方位的服务，同时开展绿色天使活动，为困难急重旅客提供导乘、购票等。2016年春节期间，联合《绵阳晚报》、市交通局运管处开展“2016温暖回家路”活动，得到广大民工的一致好评，在绵阳新闻媒体进行全面报道，在社会上引起较大的反响，树立车站的良好形象。

绵阳南郊机场

【概况】 2016年，绵阳机场累计实现飞机起降19214架次，较上年同比增长35.8%；运输货邮行16920吨，较上年同比增长33.9%；运输旅客217.29万人次，四川省排名第2，西南地区排名第8，全国排名第49，较上年同比增长40.4%。通航城市30个，执飞航空公司18家。12月1日，绵阳机场年旅客吞吐量首次突破200万人次。

【新增航点】 2016年，18家航空公司执飞绵阳机场，开通国内30个城市航线，全年新增航点5个（汕头、宁波、南昌、哈尔滨、大理），加密航点11个（南京、石家庄、拉萨、贵阳、西安、南宁、太原、三亚、西宁、厦门、长沙），恢复航点2个（郑州、青岛），包机航点1个。

【航空安全管理】 2016年，候机楼实行WiFi上网实名认证，严格执行危险品、违禁品检查规定，全年查获旅客携带的各种违禁品1000余件。添置先进驱鸟及喷洒设备，全年驱鸟3000余次。两次对跑道进行摩擦系数测试和跑道局部嵌缝，确保跑道适航安全，严格飞机例行检查，全年发现并正确处置飞机故障96起。2016年，与4个协会和机场周围村镇签订净空管理责任书，办理净空审核意见项目35个，适时开展净空宣传活动，针对升空物和电磁影响飞行等，定期联系净空保护区内的各部门，聘请文武村、瓦店村、范家村、浸水村支书或主任作为净空协管员。查处制止电磁干扰和超高建筑问题，制止绵阳铁塔公司在观音寺附近的违建项目，查处两起电磁干扰问题，缴获5台GPS

信号干扰器。

【服务质量管理】 2016年，围绕“民航服务质量提升”专项活动要求，努力提升航班正点率，加大机场改扩建项目建设力度，提升机场保障能力和服务水平，制定《航班正常管理办法（试行）》和《航班运行保障量化考核细则(试行)》，年底完成候机楼增设3个安检通道、4个值机柜台、1部升降电梯，改造弱电系统，新增隔离区座椅200座、自助值机3台、毛毯100床、手机加油站5个等设施，完成投资446.8万元。

物流业

【概况】 2012年以来，邮政、顺丰、韵达、申通、圆通、中通、百世汇通7家大型物流企业在绵阳经开区建立物流网络，年进单量200万件，年出单量150万件。经开区邮政拥有营业网点1处，代办点10处，便民服务站10处，智能快捷箱20处，其他寄递物流企业营业网点共8处，代办点15处，便民自提点20处。

（吴靖萱）

表15　　经开区物流企业名录表

行业类别	品牌	机构名称	负责人
寄递物流	顺丰	四川顺丰速运有限公司绵阳分公司文武营业部	雷　兵
	韵达	绵阳市新韵达快递有限公司经开分公司	顾章林
	圆通	绵阳盛捷速递有限公司经开区营业部	赵长春
	中通	绵阳景逸物流服务有限公司塘汛营业部	邓　波
	汇通	绵阳市兴隆快运有限公司塘汛营业部	梁　星
	邮政	绵阳市邮政公司经开营业部	薛　松

旭虹光电

财税·审计

Finance Audit

财　政

【概况】　2016年，绵阳经开区持续推进新《中华人民共和国预算法》贯彻落实，克服财政税收工作面临的不利因素，抓住重点行业和重点税种，强化财源培植。全年实现全口径财政总收入99173万元，同比增长23.71%；实现区本级公共财政收入45271万元，同比增长7.36%。财政支出实现69826万元，同比增长57.35%。稳步推进财政改革，强化国资监管与金融监管，做好非法集资打击和内部管理工作。2016年，区财政局被市级评为2016年度财政支农农田水利项目管理先进单位、财政预算管理工作三等奖、发展多层次资本市场工作先进单位、互联网金融风险整治工作先进单位。　（阳平）

【财政改革】　2016年，经开区继续推进部门预算编制改革。按照新《中华人民共和国预算法》要求，加强部门预算精细化管理，提高部门预算编制科学性。继续完善预算编制方式，完善财政支出标准体系，按照基本支出定员定额，项目支出科学测算的原则，严格控制一般性支出，整合各类财政资金，主要支持社会事业、基础设施、科技创新和中小企业发展。推行预算信息公开，定期在经开区门户网站公开政府预算报告及全区“三公”经费财政拨款预算总额。督促指导辖区内14个独立预算单位在规定的时间内公开部门预算信息及部门“三公”经费预算信息，细化公开至支出功能分类项级科目和支出经济分类款级科目。　（孟道）

【非税工作】　2016年，经开区切实落实国家相关非税新政策，强化非税宣传和业务培训，公开收费项目。加强收入源头控制、票据使用监督和非税执收监管，全面清查收费项目，做到应收尽收。全年，累计实现非税收入20357万元，较2015年同比增长72%。其中一般公共预算收入10531万元，同比增长33.3%;政府性基金收入9826万元，同比增长144.9%。2016年全区新增土地出让价款收入7220万元。　(唐昊)

四川坤泰融资担保公司

【收购四川坤泰融资担保有限公司股权】　2016年4月

7日，区管委会收购四川坤泰融资担保有限公司33.35%的股权，成为全市首家通过政府收购民营资本组建的混合所有制融资担保公司，是服务园区小微企业的专项融资平台。2016年，坤泰担保公司累计为园区企业融资担保4笔，担保金额2280万元；为绵阳市内中小企业担保98笔，担保金额39351万元。（宋佳蔚）

世界银行考察评估经开区世行贷款城市环境治理项目

【世界银行独立评估部到经开区考察】 2016年6月16日，世界银行独立评估部高级评估专家/高级经济学家徐芳、交通专家Kavita Mathur、省项目办财务部部长史庆、省财政厅债务金融处外债科科长郭汶鑫等一行到经开区考察世行贷款城市环境治理项目。世界银行独立评估部一行先后考察项目内S8、S17、S7、S6、S14等道路建设情况，世界银行独立评估部对世行贷款城市环境治理项目建设给予肯定评价。该项目建设有利于解决经开区跃进社区、南塔社区道路通行和雨污水排放问题，改善周边生态环境，促进区域经济可持续发展，为经开区长虹工业园、爱萨斯电子材料、华丰电子等重大项目落地提供要素保障。（宋佳蔚）

2016年度财会人员培训会

【财会人员培训】 2016年11月16日，经开区召开2016年度财务人员培训会，绵阳市财政监督局副局长杨文新出席会议并作辅导报告。培训内容涉及《会计基础工作规范》和《八项规定后有关费用的监督和使用》。会议强调，要提高对财务制度的认识，规范运用财务知识。财务人员要认真学习《会计基础工作规范》，结合自己的工作实际，学用结合。要落实中央八项规定精神，加强经费管理。要严格控制会议费、接待费、差旅费、福利费等相关经费的支出。区级部门及驻区单位报账员，区财政局全体职工，“两镇一街道”及医院、学校的财务人员，共60余人参加会议。（胥琳）

国家税务

【概况】 2016年，经开区国税局完成入库税收收入37114万元，剔除“营改增”新增四大行业入库税收收入32922万元，同比增加4830万元，增长17.19%。其中，入库营改增增值税6023万元，剔除新增四大行业因素，实际入库1831万元，同比增收980万元，增长1.15倍；入库消费税1099万元，同比增收752万元，增长2.17倍；入库企业所得税10214万元，同比增收984万元，增长10.66%。同时，严格落实各类税收优惠政策，助力企业健康发展，辖区内共办理出口退税7450万元，免抵达964万元，小微企业共1859户次享受增值税免税额409万元，1195户次享受所得税税收优惠145万元，受惠面达100%。

【国税局被评为市级“文明单位”】 2016年，经开区国税局制定《2016—2021年文明工作创建规划》，明确阶段目标和实施步骤，积极开展义务献血、志愿者服务、关爱孤寡老人、精神文明建设帮扶共建等活动，教育引导干部职工恪守“阳光奉献、文明法治、廉洁高效、卓越创新”的经开国税精神，被中共绵阳市委、绵阳市人民政府授予“文明单位”称号。

【“营改增”工作】 2016年，经开区国税局稳步推进税制改革，全面强化营改增宣传培训，四大行业1187户纳税人平稳完成税制转换，累计配售发票1.7万份，办理“营改增”企业申报4355户次，征收改征增值税4192万元。

坚持以督促管、以管促收，大力提升税收征管效率。积极推动“营改增”实施后四川省首例非居民企业通过公开市场减持上市公司股票预提所得税2170万元税款的顺利入库。

【国地税合作】 2016年，经开区国税局与绵阳市地税局第三直属税务分局进一步深化税收征管体制改革，全面推进国、地税办税服务厅合作共建项目，成功推行“前台一家受理、后台分别处理、限时办结反馈”的服务模式，建立国地税信息共享、综合治税平台，形成工商、地税、财政、住建、经发等多部门、跨区域税收协作模式，采集共享信息12378条。经开区国地税全面落实《国地税合作工作规范(3.0版)》的51项合作事项，多次得到经开区党工委、管委会主要领导批示肯定，3月15日被绵阳市国、地税局联合评定为“绵阳市国地税合作县级示范区”，《中国税务报》先后4次报道经开区国税地税合作的经验做法。

【纳税服务】 2016年，经开区国税局协同绵阳市地税局直属三分局为纳税人打造舒适的办税环境，新建区划科学、设备精良、功能完善的办税服务厅，并于11月正式投入运行。新大厅前台设有包括地税业务在内的10个机位，增设纳税人网上办税体验区、业务咨询辅导区，通过专人宣传引导和流程指导，为纳税人提供优质的导税服务。全年通过各类网络平台共推送涉税信息8653条，采集纳税人建议137条，对纳税人提出的涉税“疑难杂症”给予“上门服务、义务诊治”，全年共走访重点纳税人30余户，解决实际困难65个。通过与银行签订“征信互认，银税互动”合作协议，共协助15户纳税人融资2.36亿元，促进大众创业、万众创新。举办实体纳税人学堂培训6期次，培训纳税人1800余人次；评定2015年纳税人信用等级614户次，动态调整14户次；积极维护纳税人、消费者权益，办理完结“12366”转办投诉8件。

【“税e办”预约服务】 2016年8月，经开区国税局被绵阳市国税局确定为首个排队叫号机网上预约取号试点单位。11月28日，绵阳美吉荣商贸有限公司在导税人员的辅导下，通过手机登录绵阳国税微信公众号，选择预约涉税事项并输入纳税人识别号及预约时间后，一键开启预约服务，成为绵阳市首例使用网上预约功能的纳税人。11月29日，企业办税人员通过排队叫号机打印出首张网上预约业务单据，并在15分钟内顺利办结涉税事项，标志着经开区国税局通过“税e办”成功办理全市首笔预约办税业务。

“税e办”，即绵阳国税打造的涵盖微信公众号、移动APP两大板块，通过利用互联网终端引导纳税人快捷高效的办理涉税事项。

【税务风险管理】 2016年，经开区国税局持续抓好风险管理工作，在风险应对方面，全年制发风险任务54户，准期完成50户，准期应对率100%，实现风险应对收入1366万元，风险应对率为3.93%。在欠税管理方面，成立欠税管理工作领导小组，统筹协调欠税清缴工作，实现分类整理、分步清缴，通过清陈欠、控新欠，欠税变动率居全市第2位。在行政处罚方面，加强税收征管工作执法处罚力度，全年共处罚违法违规行为308户次。通过税收风险管理相关系统开展数据分析，拓展监控的覆盖面，查找税源风险点，全年共组织外埠报验收入1800余万元。（陈紫琪　陈宏）

表16　　2016年辖区重点纳税（国税）企业名录

序号	纳税人机构名称
1	利尔化学股份有限公司
2	四川东材科技集团股份有限公司
3	绵阳港华燃气有限公司
4	绵阳三江美亚水电有限公司
5	绵阳中科成污水净化有限公司
6	绵阳本草堂医药股份有限公司
7	绵阳双胞胎饲料有限公司
8	禾大西普化学（四川）有限公司
9	绵阳万瑞尔汽车零部件有限公司
10	四川雪宝乳业集团有限公司
11	绵阳华晨瑞安汽车零部件有限公司
12	四川日普精化有限公司
13	四川美丰化工科技有限责任公司
14	四川长虹教育科技有限公司
15	绵阳聚合堂医药有限公司
16	绵阳市聚富商贸有限公司
17	四川绵城石化燃气投资有限公司
18	四川久远化工技术有限公司
19	四川长虹电源有限责任公司
20	绵阳星鸿达汽车销售服务有限公司
21	绵阳日报社
22	四川昊阳药业股份有限公司
23	绵阳三江汇泽城市污水净化有限公司
24	绵阳路威汽车销售有限公司
25	四川川港燃气有限责任公司绵阳分公司

续表 16

序号	纳税人机构名称
26	四川旭虹光电科技有限公司
27	绵阳市华阳实业有限责任公司
28	绵阳万鸿汽车销售服务有限公司
29	绵阳西金科技发展有限公司
30	四川长虹通信科技有限公司
31	绵阳合源电力设备有限责任公司
32	四川长和科技有限公司
33	绵阳长兴商品混凝土有限公司
34	绵阳丰孚汽车销售服务有限公司
35	绵阳广鸿汽车销售服务有限公司
36	四川君谦药业有限公司
37	绵阳建设商品混凝土有限公司
38	绵阳市东方丝绸有限公司
39	绵阳市京美汽车维修服务有限公司
40	绵阳市维奇电子技术有限公司
41	绵阳市金华洋电器制造有限公司
42	绵阳鑫帆物资有限公司
43	绵阳申绵商贸有限公司
44	绵阳柏瑞电子有限公司
45	四川瑞可达连接系统有限公司
46	绵阳泰源电子有限责任公司
47	绵阳港华普祥压缩天然气有限公司
48	四川蜀旺新能源股份有限公司
49	成都万友翔宇汽车销售服务有限公司绵阳分公司
50	绵阳市普润供水有限公司

【工业土地成本核算评审】 2016年，经开区财评中心开展土地成本核算，完成绵阳鑫之力投资有限责任公司成交宗地（〔2014〕71号）、绵阳华晨瑞安汽车零部件有限公司成交宗地（〔2015〕42号）、四川雄晖化工科技有限公司成交宗地（城南〔2015〕04号）、四川九州环保科技有限公司成交宗地（城南〔2015〕02号）、塘汛镇三河村5社利尔化学有限公司成交宗地（城南〔2015〕03号）、绵阳鑫科源环保科技有限公司成交宗地（城南〔2015〕01号）、四川金达诺科技有限公司成交宗地（城南〔2015〕17号）的工业土地成本核算评审,7宗工业土地送审成本金额10863.85万元，核定成本金额10834.89万元，核减成本金额28.96万元。（许小兰）

【预结算评审】 2016年，经开区财评中心通过“过程控制、全员参与、据实结算”三措施，全方位做好财政投资项目预（结）算评审，为政府投资决策和财政支付提供依据。完成预算评审项目87个，评审金额10141.7万元，核减预算投资额860.3万元；完成结算评审项目46个，评审金额2222.81万元，为区财政节约建设资金390.24万元。（冉琴琴）

园区建设与管理

Park Construction and Management

基础设施建设

【概况】 2016年，绵阳经开区牵头实施市政基础设施项目73个，总投资24525.1万元，其中市级重点项目7个，总投资13700万元。各项目分解责任，制定详尽时间节点，按时考核，优化方案，坚持规划先行、分步实施，确保做好做优市政基础设施建设。

表18　　2016年经开区市政基础设施建设项目情况表

项目名称	建设内容	估算总投资（万元）	拟开工时间	2016年工程进度	建设业主
城南新区排水基础设施项目	翥鹤堰排洪沟整治（机场1号沟至范文路）	1200	2016.7	100%	经开置业
翥鹤堰板桥1–3组沟盖板工程	翥鹤堰堰沟盖板	300	2016.7	100%	经开置业
翥鹤堰污水整治工程	翥鹤堰沿岸修建截污干管	400	2016.9	50%	经开置业
三江闸坝路绿地广场	塘汛涪滨路至绵三路道路绿地、休闲广场，总面积约3万平方米	1200	2016.8	100%	经开置业
中13道路南延段(中11–7号路)	建设长500米、宽30米的市政道路及雨、污管网	900	2016.10	20%	经开置业
纬五路	改造道路及雨污水管网长200米、宽15米	280	2016.8	50%	经开置业
F22道路	修建道路及雨污水管网长480米、宽12米	460	2016.12	10%	经开置业
塘汛北街	建设长1070米、宽30米的市政道路及雨、污管网	1926	2016.11	20%	经开置业
S17南	新建道路长约663米、宽度40米	1326	2016.8	50%	经开置业
F19	新建道路长约550米、宽30米	825	2016.10	50%	经开置业
垃圾中转压缩站	建设垃圾中转站	600	2016.10	20%	经开置业
金广桥加固	桥梁加固	60	2016.4	100%	塘汛镇
八号路改造工程	改造道路及雨污水管网长2400米、宽36米	1200	2016.8	80%	经开置业
一号路南延段	建设长215米、宽26米的市政道路及雨水管网	450	2016.7	80%	经开置业
松永路	修建道路长1000米、宽7米	200	2016.8	50%	经开置业
三号路接二环路段道路	建设长260米、宽20米的市政道路及雨水管网	310	2016.9	50%	经开置业

续表 18

项目名称	建设内容	估算总投资（万元）	拟开工时间	2016年工程进度	建设业主
六号路维修改造工程	维修道路及雨污水管网长870米、宽42米	1100		10%	经开置业
一号路（二环一六号路段）道路维修工程	维修道路面积4300平方米	100	2016.10	80%	经开置业
工业园三号路道路维修工程	维修道路长458米、宽20米	100	2016.10	80%	经开置业
惠泽堰禾创园林防洪替代工程	闸房1座、涵管10m、沉砂池1座、消力池1座、排洪明渠280米	55.3	2016.6	100%	住建局
经开区消防大队营区黑化	黑化、修补营区地坪约3360平方米	40	2016.5	100%	经开置业
富临小学改建工程	小学扩建及改建	3500	2016.11	10%	富临 小学
辖区宜绿空地建设项目	绿地政企合作建设空旷地带	100	2016.6	100%	市政维护中心
辖区交通信号灯项目	辖区主要交通路况交通信号灯的安装	200	2016.6	100%	市政维护中心
辖区道路警示标识标牌项目	辖区学校、主要交通路口等标识标牌的安装，人行道斑马线的设置	70	2016.6	100%	市政维护中心
辖区市政道路维修	辖区内道路维修	500	2016.6	100%	市政维护中心
辖区路灯改造项目	由企业按合同能源管理模式将辖区高钠灯路灯更换为节能灯并负责管理和维护，中心按电费差每月支付电价补助费	45	2016.6	100%	市政维护中心
户表工程	小区电网改造、安装户表1000户	200	2016.6	100%	区住建局
塘汛镇牌坊路口景观打造	牌坊周边风貌景观打造	100	2016.6	100%	市政维护中心
南区花园3期休闲广场硬化工程	休闲广场硬化	30	2016.8	100%	经开置业
南区花园5期休闲广场硬化工程	休闲广场硬化	30	2016.8	100%	经开置业
南区花园6期休闲广场硬化工程	休闲广场硬化	30	2016.8	100%	经开置业

续表 18

项目名称	建设内容	估算总投资（万元）	开工时间	2016 年工程进度	建设业主
白山社区绿化、亮化工程	安装 LED 路灯 214 盏，种植绿化树 470 棵	19.9	2016.3	100%	松垭镇
松垭镇更换和新增消火栓	更换 26 个，新增 20 个消火栓	24	2016.5	100%	松垭镇
加油站临时道路工程	修建临时便道长 80 米、宽 4 米	2.7	2016.3	100%	松垭镇
日新村续建塌陷道路维修工程	修补道路长 30 米、宽 5 米	10	2016.4	100%	松垭镇
会客厅居民点未完善基础设施	修建会客厅未完善基础设施	4000	2016.6	50%	经开置业

【翥鹤堰经开区段整治工程】 项目实施业主为绵阳经开区国有平台公司绵阳经开置业有限责任公司，主要修建翥鹤堰经开区南塔段（城南新区内）、文武段、跃进段沿线居民点污水管网，管网总长约 4000 米，估算总投资约 300 万元。

翥鹤堰流经经开区城南街道办南塔社区、板桥村、文武村、跃进村，涉及 4 个村（社），沿线居住人口约 2.3 万人（其中四川文化艺术学院约 1 万人）。至年底，已完成板桥片区市政污水管网的修建，新建的四川文化艺术学院污水管网 1.3 公里已接入市政污水管网，解决学校生活污水约 1290 立方米/天的直排问题。

【松垭一号路临时排污管网工程】 项目实施业主为绵阳经开区国有平台公司绵阳经开置业有限责任公司，根据规划，游仙区五里梁片区近 3000 余人的生活污水由绵盐路接入二环路，由二环路接松垭五号路排进松垭污水处理厂进行处理。因松垭五号路污水管网尚未建成，经开区组织对松垭一号路、二环路、绵盐路进行排查，最终采取将二环路与松垭一号路交汇处下一口井处增加堵头，将污水提升到松垭一号路排往松垭污水处理厂，该工程于 11 月中旬进场施工，12 月中旬该项目竣工，总投资约 32 万元。

【F6 污水泵站建设】 项目实施业主为绵阳市水务集团，位于塘汛镇F6 道路旁，主要修建 200 平方米的泵站，安装日提升量 1 万立方米的泵，项目总投资 56 万元，将绵三路以西污水提升至绵三路以西污水截污干管排至塘汛污水处理厂。该工程于 2016 年 7 月初开工，10 月中旬竣工。

【休闲广场项目硬化工程】 2016 年，绵阳经开区通过分批次、紧跟进、人对点的方式，开展辖区广场建设。广场修建计划划分为两个批次。项目实施业主为经开区国有平台公司绵阳经开置业有限责任公司，第一批次即南区花园 3、5、6 期休闲广场硬化工程以及友谊居民点 A、B、C 休闲广场硬化工程，面积共计 9171.7 平方米；第二批次即中街文化广场、群丰居民点广场、洪恩村广场、中心 6 社广场以及德政社区文化广场，面积共 11353 平方米，建设计划投入资金 508 万元。

市政设施管理

【概况】 2016 年，绵阳经开区辖区市政设施管理工作主要覆盖塘汛、城南、松垭市政道路 123 条，面积 315.6 万余平方米；市政雨污水井盖 7024 套、水篦子6512 套，路灯 2847 盏；道路绿化管护道路 76 条，面积 42 万平方米，全年市政维护经费投入 1450 万元;先后承担三横两纵、南支二路、南支四路、南支六路等 8 条道路的道路保洁，总面积约25 万平方米。

【绵阳达坤投资有限公司】 2003 年 3 月成立，注册资本金 1 亿元，是区管委会下属的“自主经营、自负盈亏、独立核算、独具法人资格、独立承担民事和经济责任”的国有独资企业。具有房屋建筑工程施工总承包三级资质、园林绿化三级资质，是集市政工程建设、维护、环境保护、餐饮娱乐类为一体的综合型企业。下有绵阳达坤环卫服务有限公司、绵阳达坤新能源环保有限公司、绵阳达坤园林绿化有限公司、绵阳南苑餐饮文化服务有限公司四个全资子公司。公司于 2014 年 10 月完成四川虹欧显示器件公司股权收购，成为其大股东。

【市政设施维护】 2016 年，市政维护中心完成丰松路、金华洋企业外市政道路人行道砖铺装工程、城南新界小区外市政广场砖铺装工程、中六路下水道堵塞恢复工程及塘汛、松垭、城南市政道路路面破损维护工程，全年新铺装人行道 1320 平方米，维修破损道路 2200 余平方米、人行道 4300 余平方米；铺装市政广场 1200 余平方米；更换、维修问题路灯 220 盏，电缆 1400 余米；更换和维修雨污水井盖 400 余套；抢通堵塞市政管网 120 米。并完成绵盐路与松垭迎宾路口的交通信号灯安装。由绵阳达坤投资有限公司实施，新建雨污水管网 660 米；对塘汛涪沿四组和友

道路施工

谊1、2、6组及城南新区等自建居民点的251盏高钠灯进行LED节能灯改造；对塘汛中心六组、群丰、友谊，松垭日新村等未安装路灯的小区安装104盏LED节能灯。

【城乡环卫管理】 2016年，经开区推行“一冲二洗三保洁”清扫保洁作业模式，保洁面积覆盖辖区123条道路315.6万余平方米，比2015年增加25万余平方米，每日对一类道路进行机械化作业，二、三类道路每周轮流冲洗，机械冲洗清扫面积140万平方米，机械冲洗清扫率53%；全区设置生活垃圾清运点341个，配置垃圾清运车辆10辆，日清运生活垃圾约90吨，清运率100%。

【环卫保障】 2016年，绵阳达坤投资有限公司共有环卫工人256名，绿化工人30名。为稳定环卫工人队伍，达坤公司根据环卫工作的特殊性，以人为本，加强环卫工人保障工作。给每位环卫工人、绿化工人购买意外伤害保险。每季度发放劳保用品，全年发放毛巾、手套、口罩、肥皂等劳保用品1164人次。做好夏季防暑降温工作，发放防暑降温药品296人次。做好安全作业保障工作，为每位员工发放反光锥形筒、安全警示立牌、便携警示灯、反光工作服等安全保障物资。

【城乡绿化管理】 2016年，绵阳经开区公共绿化道路76条，养护总面积42万平方米。绿化维护管理方面，继续做好辖区公共绿地、行道树的绿化养护，清除绿地、绿篱带杂草150万平方米，推剪草坪约70万平方米，清理枯枝败叶200余车次，清捡绿化带白色垃圾、烟头面积30余万平方米，修剪美化行道树12000余株，补栽道路枯死、缺失乔木（香樟、桂花、天竺桂、栾树等）300余株、灌木约6000平方米，全年绿化浇水1.7万吨，施肥7.1吨，病害防治12万平方米。绿化工程建设方面，完成S8道路海立公司外围宜绿空地建设工程，栽植香樟、桂花、杜英等20余种乔木共计220余株，栽植彩叶灌木带200余平方米，铺设草坪4000平方米，新建绿化总面积5100平方米；群文西街(绵阳市金华洋电器制造有限公司）绿化工程，栽植行道树20余株，新建草坪500余平方米；南城新界小区外围市政绿地改造工程，栽植紫薇、南天竺等10余种绿植，铺种混播草970平方米；采用政企合作方式，实施松垭一号路宜绿空地绿化建设工程，由绵阳达坤投资有限公司实施基础设施建设项目，清理建渣、杂草、沙石面积约3.8万平方米，埋设灌溉给水管网3200余米；由绵阳禾创环境艺术工程有限公司实施绿地建设，建成绿地约3.9万余平方米。（马宇）

社会管理

【概况】 2016年，绵阳经开区稳步推进信访维稳、综治防邪工作。围绕产业聚集、项目推进和社会治理中心工作，通过抓稳定促发展、抓基础促全面，推进社会矛盾化解、社会管理创新，深化“平安经开区”和社会治安综合治理体系建设。结合园区实际，强化责任，在全国“两会”、省“两会”、绵阳科技城博览会期间确保一方平安。党工委、管委会被评为2016年度全市维护社会稳定工作目标和全市社会治安综合治理工作先进单位；区社管办被评为2016年防范处理邪教防控打击先进单位，2016年度信访接待工作、网上信访工作、调研督查工作先进集体。

【信访接待】 2016年，经开区信访系统收到群众来信58件，办理“网上信访”21起，办理市长热线486件。办理上级交办案件4件，按期办结率100%，开展信访事项复查案件1件。接待到市以上上访52批295人次。受理到区上访43批568人次。其中集访20批523人次；个访23批45人次。落实领导接访和批阅群众来信制度，区级党政领导共接待来访群众13批337人，阅批群众来信16件。结合法律“七进”，开展信访法治宣传进社区活动3次，发出宣传资料3000余份，悬挂宣传标语35幅，制作宣传展板5张，出动宣传骨干人员18人，接受群众咨询200余人次。依法开展信访秩序维护，对3人非正常上访行为予以行政拘留处置。

【推进信访信息系统深度运用】 2016年3月，绵阳经开区将辖区各镇（街道）信访机构接入区、市信访信息系统，实现互联互通、资源共享，信访形式、工作过程全部纳入信息系统统一流转和管理。对视频接访功能进行优化，实现区、镇(街道)视频接访场所与省、市信访局视频信号畅连畅通。全年受理网上信访21件，办结21件，网上信访事项“初访、初投”办结率100%，及时受理率和按期办结率分别为100%。

【矛盾纠纷排查】 2016年，本着早发现、早介入、早控制、早化解的原则，注重加强源头预防，防范信访和突出社会矛盾隐患。在重要节点采取常规排查和专项排查相结合、定期排查和动态排查相结合方式，按一般时期每月、敏感时期每天的办法，对涉军、房地产、大中专生就业、劳动争议、征地拆迁、环境问题等矛盾纠纷进行重点排查，精准排查矛盾纠纷和信访苗头38件，对有到市到省进京上访倾向的重点人员，逐一登记造册，形成一案一档，做到情况明、底数清。通过社会稳定风险评估，及时分析研判和制定应对策略，做好相应化解和稳控。

【社区网格化服务管理全覆盖】 2016年，在社区网格化服务管理试点基础上，按照“街巷定界、规模适度、无缝覆盖、动态调整”的原则，以每300~500户为一个网格，将全区划分为65个网格，配备兼职网格员65名。建立起“区网格化管理中心—镇（街道）网格化中心—村（社区）网格化工作站—网格”四级社区网格化服务管理结构，制定各级岗位职责，规范各级信息处置流程，出台网格员奖惩考核制度，开展业务培训4次，开展集中宣传3次，9月实现社区网格化服务管理体系全区全覆盖和常态化运行。全年网格员通过手持终端机录入网格化服务管理系统信息共4607余条，其中录入社情民意、政务服务、矛盾劝解等事件信息1764条、流动人口信息2807条、特殊人群信息36条。

【新农村“雪亮”工程试点】 2016年12月，经综合评比由松垭镇德政社区作为新农村“雪亮工程”试点载体，经实地调研考察，在德政社区共部署监控点位15个、安设高清监控探头27个，并将视频信号传输至区综治中心和城南公安分局，由区管委会投入20余万元完成试点建设。建成后由区社管办牵头，组织松垭镇、经开电信在德政社区对居民住户“一键报警”等系统操作功能进行2次示范培训，对机顶盒升级换代活动开展2次专题宣传，提升“雪亮”工程入户量和群众主动参与度，通过有效运转，德政社区治安案件和犯罪率呈明显下降趋势，辖区群众对社会治安满意度相应提升。

【群体事件处置】 2016年，根据人事变动及时调整群体突发事件应急指挥领导小组和成员，组建由区信访综治维稳干部、城南公安分局国保干警、各镇（街道）综治干部、各派出所驻片干警、村(社区)治保主任为成员的经开区重大信访涉稳信息员队伍，建立起“区、镇（街道)、村(社区)”三级信息传递通道，本着“预案在前、反应迅速、处置妥善”原则，全年共接处20余起民工欠薪和合同纠纷群体事件，多次劝返平息松垭镇日新村社保问题，松垭镇场镇门面房出让遗留问题、迪艾斯经销商销售合同纠纷、桃花岛居民环境维权群体事件等，未发生一起造成重大社会影响群体突发事件。 （谭应龙）

城市管理

【概况】 2016年，区城管分局围绕建设“宜业宜商宜居的千亿产业园区和现代山水生态新区”目标，以“四线美化”“文明城市建设”为契机，坚持“建成一片，管好一片”理念，落实网格化管理，构建“横向到边、纵向到底、责任全覆盖、管理无缝隙”的长效管理工作格局。强化宣传氛围，调动村社干部和广大群众参与城市管理的主动性、积极性，营造全区知法、懂法、守法的氛围，形成人人参与城市管理的局面。扎实开展违法建筑整治、环境综合治理、扬尘污染管控等城市管理各项工作，努力打造整洁、优美、宜居的城区环境，促进城市市容面貌的持续改善和提升，全面完成“科博会”“文明城市复检”和各级交流考察期间市容环境卫生秩序保障任务。年底，区城管分局获绵阳市城管系统“城管执法工作一等奖”“数字城管受理先进单位”和“经开区文明城市建设工作先进集体”等殊荣。

【“756”市场改造】 2016年6月，由区城管分局作为业主单位、经开建工具体实施的“756”市场风貌改造工程完工，该工程投入24万元，通过在人行盲道旁修建一道高2米的通透式围墙，沿人行道设置高1.2米的隔离栏杆，将商铺、人行道、车行道三区域分隔，解决跨门经营、市场暴市等老大难问题。

【首批便民停车泊位设置】 2016年10月，区城管分局联合交警五大队在绵三路曾肥肠、南鑫二手车市场、机场东路天韵二手车市场、卓龙二手车市场、同立汽车城吉利汽车4S店、虹桥路上尚今品自选火锅等经营户外人行道上部分区域设置符合临时占道规定的便民停车泊位130余个，在方便市民出行的同时，有效规范停车秩序，缓解交通压力。

【市容秩序管理】 2016年，针对市容秩序乱象，区城管分局联合镇（街道）、工商、食药监、公安、交警等部门开展联合整治8次。拆除伸出式招牌50余个，取缔各类违规横幅300余幅，清除沿街店铺门柱、梯步、玻璃门、灯杆等牛皮癣2000余处，纠正跨门占道经营500多起，劝离游商游贩150余人次，暂扣违规灯箱广告100多个，规劝非机动车乱停乱放300余次，市容环境秩序明显改善。

【城乡环境综合治理】 2016年，完善出台《经开区城乡环境综合治理考核办法》《考核细则和评分标准》《经开区环境卫生作业标准与质量标准》，规范环卫清扫保洁，明确治理要求和考核标准；落实区、镇（街道）、村（社区）网格化管理，设立1个区级、3个镇级网格化服务管理办公室，依托社区警务室和各村（居）委会建立18个网格化服务管理工作站，将全区25个村（社区）划分为65个网格，配备兼职网格员65名，上下通畅、全覆盖的管理体制初步形成；健全督查机制，按照“周检查、月通报、季考评”的工作方式，全年开展检查督查50次，开展综合考评4次，印发《督查通报》12期，通报并落实整改问题380处，全区城乡环境面貌显著提升。

【扬尘治理】 2016年，区城管分局与辖区10余家建筑工地签订目标管理责任书，落实3处建筑垃圾临时收纳场所，规范建渣处置；通过出入口道路硬化、裸土覆盖、绿化带提挡降土等措施，严控扬尘污染；联合公安交警、市扬尘治理大队开展专项整治12次，严查渣土运输车辆“抛洒滴漏”行为，查处渣土违规运输车辆200余辆。

【违法建设整治】 2016年，区城管分局以商住小区违建防控为重点，全面开展辖区违法建设清理和整治，持续履行“商住小区装修备案制”和“巡查报告制”，受理装修备案162户，开展联合拆违行动20余次，投入执法力量600余人次，下发《责令（限期）改正通知书》47份，现场整改违法建设40余宗，拆除违法建设291宗，拆违面积1.6万余平方米，全年无重大新增违法建设。

【数字化城管】 2016年，区城管分局进一步完善数字城管工作登记、转办、督办、回告、归档制度，落实“专人接件、

有限责任公司硝铵装置区氮氧化物泄露。演练第一幕发现险情，第二幕车间级（III

危险品泄漏应急演练

级）应急救援响应，第三幕分公司(II级）应急救援响应，第四幕险情解除。演练进行到第三幕时，由于泄漏量较大，并发生燃烧，公司力量无法处置，请求消防大队“119”到场处置。接到报警后，消防大队出动5辆消防车、1辆皮卡车、32名队员，10时03分赶至现场指定位置，立即就近启用消火栓向消防车供水，利用手抬水炮、车载大流量水炮对现场进行稀释处置。在消防队员和各应急小组的共同努力下，10时10分险情被成功解除。通过联合演练，有效提高联防区域应急联动处置能力。

治安管理

【概况】 2016年，绵阳市公安局城南分局（以下简称城南公安分局）有正式民警60人、协警70人，内设指挥中心、法制科、国内安全保卫大队、刑事警察大队、治安大队、巡特警大队等6个机关部门和涪滨路派出所、塘汛派出所、松垭派出所等3个基层派出所。辖区登记常住人口100388人，流动人口31715人、出租房屋10836间、旅馆89家、网吧30家、废旧金属回收17家、报废机动车拆解中心3家、歌舞娱乐13家、桑拿洗浴2家、按摩足浴16家、打字印刷（复印）20家、机动车修理166家。全年发生刑事案件570件，破获刑事案件175件，刑事拘留50人，移送起诉80人。查处行政案件115件，行政处罚168人（其中行政拘留144人、罚款24人），调解纠纷266件。涉黄涉赌案件行政拘留7人，刑事拘留5人，起诉8人，收缴并销毁电子赌博机260台。查处吸毒人员91名，行政拘留76人，起诉9人，打处18人，强制隔离戒毒13人，社区戒毒7人，收缴各类毒品80克，公开查缉破案2件，侦破涉网毒品案件1件。2016年，城南公安分局先后荣获绵阳市公安局警卫、维稳、公安缉毒执法、信息调研工作先进，经开区2016年文艺会演特等奖，经开区2016年“五一”职工篮球比赛第二名等22项先进表扬。城南公安分局自2013年11月成立以来，连续取得2014年、2015年、2016年年度绩效考核一等奖，并首获“优秀公安局”称号。

【人口管理】 2016年，城南公安分局规范户籍管理程序，严格审批制度，及时结合户口清理开展整顿工作，以流动人口服务管理为重点，全面强化与流出地之间的协作配合，推动落实“以证管人、以房管人、以业管人、以信息化管人”工作模式，加强流动人口分层次管理，出租房屋分等级管理。共办理出生登记476人，死亡人口595人，迁入1525人，迁出942人，临时证办理1064证，准迁证328张，边境证151张。登记流动人口31715人，出租房屋10836间，主动申报流动人口信息2249条，录入平台系统率达100%。办理暂（居）住证846人，拒不申报流动人口信息处罚8件。

【出入境管理】 2016年，城南公安分局创新“网上预约”“现场受理”“办结邮寄”等措施，强化出入境便民办证服务，程序透明快捷，办证不再等，取件更方便，出入境工作取得初步成效。全年共办理出入（国）境证件3516本，其中护照1955本、港澳通行证1021本、台湾通行证540本，签注1267条，经网上网下测评，满意度达100%。

【维护稳定】 2016年，城南公安分局共收集各类稳定信息262条，上报有价值情报信息155条，签收预警性信息10942条，研判信息7406条，分发、处置信息3003条，收集人力情报信息12条，研判治安风险点和重点事件预警专题产品20件。开展每日网上巡查，及时发现涉稳、涉警舆情，及时处置反馈，开展前期核实调查，有效防止工作被动。关注境外媒体热点，及时发现和捕捉涉及对政治、经济有重大危害的事件和言论，及时上报网侦信息96期。参与群体性事件处置72起，协助兑付民工工资1.3亿余元，重大事件预警率为100%。开展“打击四强”专项整治，法制约谈重点人80余人，编报重点工程专项整治工作专报21期，为重点工程建设营造良好的施工环境。有效化解个别企业维权群体矛盾，对一批欠薪严重、拒不偿还的单位配合劳动部门进行调查，依法立案起诉，有力震慑建筑领域侵犯民工权益的违法现象。

【治安巡逻】 2016年，城南公安分局充分发挥巡逻防控职能，整合辖区民兵、义务巡逻队、保安社区治安积极分子等民间巡逻防控力量，做好治安防控工作。巡逻盘查抓获各类违法犯罪嫌疑人80余人，其中起诉8人、行政拘留48人、社区戒毒10人、强制隔离戒毒10人，破获刑事案件8件，查处行政案件41件，追回被盗电动车、摩托车5辆，查获管制刀具20把，强力维护经开区平安和谐与稳定。

【反暴力恐怖】 2016年，城南公安分局以辖区3家二手车市场及1所高校为阵地，落实敏感地域流动人员购买车辆和住宿“五见”工作要求，开展敏感地域流动人员管控和二手车市场的反恐工作，核查重点人员125人，强化重点部位反暴恐工作，辖区全年未发生暴力恐怖事件。

【反邪教】 2016年，城南公安分局对辖区8处庙宇进行建档，对"法轮功"邪教组织、冒用宗教名义邪教和有害气功组织人员进行摸排疏理，排查出邪教人员2人，开展反邪宣传活动，对民宗阵地进行有效管理和控制，保持对邪教组织的严打高压态势，未出现重点人员跨区域串联闹事情况，有效遏制邪教组织在经开区的蔓延势头，切实维护辖区社会政治稳定。绵阳经开区反邪工作得到四川省公安厅认可，并作为经验在全省交流。

【禁毒教育宣传】 2016年，经开区禁毒委制定下发《经开区青少年禁毒预防教育具体规划（2016—2018）》，做好青少年禁毒教育。开展2016年春节民工返乡宣传教育和"六月禁毒宣传月活动"，在辖区两所民办高校、两所初中学校开展青少年"禁毒宣传进校园"专题活动，进行禁毒预防教育；在学校图书馆等人流量大的地方，设立禁毒教育基地（展馆），创建毒品预防教育示范学校。辖区四川文化艺术学院被评为毒品预防教育示范学校成绩显著单位。

【社区戒毒康复】 2016年，经开区塘汛社区戒毒康复站和松垭社区戒毒康复工作站建成并投入使用，并邀请安州区绿荷花社区戒毒康复负责人到区授课交流，提高社区康复工作水平。

【易制毒化学品监管】 2016年，经开区辖区内65家使用第二、三类易制毒化学品企业电子购买证申请760份，不受理196份，未通过27份，核发电子购买证537份，审批各种二、三类易制毒化化学品近60716余吨。

【打击"盗抢骗"专项行动】 2016年，城南公安分局在开展"盗抢骗"专项行动中，破获"1·29"入室盗窃案，"5·6"徐某汽车被盗案，"12·10"抢劫、强奸、杀人案"等市局挂牌案件4件，抓获犯罪嫌疑人5名，追回被盗抢机动车47辆，挽回经济损失30余万元。

【"3·11"网络诈骗紧急止付案】 2016年3月11日，城南公安分局成功止付一起冒充"成都公安局何警官""绵阳市刑警大队李警官"诈骗绵阳市经开区塘汛镇某村村民杨某某10万元电信诈骗案件。接到杨某某报警后，分局民警迅速将案件所涉账号录入公安部电信诈骗案件侦办平台接警止付平台，对涉案银行账号进行紧急处置，经多次辗转南充、绵阳等地银行，最终在经开区塘汛镇农村信用社和南充农商银行的协助下顺利将嫌疑人账户冻结。成功冻结10万元的全部赃款（后按规定退还受害人）。该案是绵阳警方针对电信诈骗采取紧急止付成功的首例案例。

【"4·26"三人制造、贩卖枪支案】 2016年4月26日，城南公安分局接到经开区南区花园有人制造、贩卖枪支的重大线索情报，立即启动重大案件侦办机制，成立专案组迅速查明犯罪嫌疑人张某、马某某有重大作案嫌疑，并于2016年7月14日在山东省济宁市任城区宋北村将嫌疑人张某、马某某、朱某成功抓获归案，缴获自制转轮手枪1把、枪管136根、子弹255发、自制铅弹858颗，以及拉线机、拉杆等大量制枪设备。成功打掉一个长期在网上购买气步枪枪托、握把等零件，在四川绵阳、山东济宁等地加工制造枪支及其零部件，通过开设“网店”贩卖枪支70余条，寄往四川、湖南、山东、河南、河北、内蒙古、云南等17个省、直辖市、自治区，非法获利10余万元的三人涉枪犯罪团伙。该案是分局成立以来侦办的第一起公安部督办案件。（胡浩）

绵阳好圣汽车零部件有限公司

综合监管与服务

Integrated Supervision and Service

安全生产

【概况】 2016年，绵阳经开区认真贯彻落实国家、省、市安全生产工作部署和各级领导批示指示精神，牢固树立发展决不能以牺牲安全为代价的红线意识，以防范和遏制重特大事故为重点，坚持“预防为主、强化基础、健全机制、标本兼治”，深入推动各项安全生产责任和措施落实。全区安全生产形势总体平稳，共发生各类伤亡事故4起（其中高处坠落2起、特种设备机械伤害1起、火灾事故1起），死亡2人，受伤3人，占全年控制指标的29%。未发生较大及以上事故。

2016年，区经发局（安监局）恪尽职守，严格监管，扎实开展安全生产大检查、安全专项整治、隐患排查治理等工作，为全区经济发展提供安全保障。经市政府安委会考核，经开区获绵阳市安全生产先进单位。

【监管人员安全生产教育培训】 2016年，经开区邀请安全生产专家组织党政负责人、行业监管部门集中学习《中华人民共和国安全生产法》、新修订《中华人民共和国职业卫生防治法》等法律法规，解读“党政同责”“一岗双责”“三个必须”实质内容和具体要求，研究讨论全区安全生产形势。组织区级、镇（街道）、村（社区）管理人员进行季度分析会、隐患排查治理体系建设、职业卫生、危险化学品等安全生产专题培训15次，制作各类宣传展板120余张，悬挂宣传标语220余幅，发放宣传资料、宣传手册3.5万余份。

【企业安全生产教育培训】 2016年，督促企业建立完善以主要负责人为第一责任的培训责任制，将安全生产培训落实到每个管理层面和生产环节。指导企业制定安全生产年度培训计划和长远计划，逐步建立安全培训的长效机制。企业参加负责人、管理人员、特种作业人员培训，督促严格落实安全生产“三级教育”，加强对使用新技术、新工艺、新材料、新设备员工的安全培训和转岗培训。

【危险化学品专项整治】 2016年，绵阳经开区强力推进危险化学品和易燃易爆物品等重点行业和领域安全专项整治，加强危险化学品企业重大危险源、重要设施、重点部位的巡查监管，督促企业落实防火、防尘、防泄漏等各项安全防范措施，严防自然灾害引发的安全生产事故；加强对施工队伍和人员的安全管理，落实施工中的安全措施；严格落实值班值守工作，切实加强行政领导到岗带班、关键岗位24小时值班、事故信息报告制度。

【烟花爆竹经营规范】 2016年，绵阳经开区严格按照“两关闭”“三严禁”，禁止“下店上宅，前店后宅”专项整治要求，对辖区24家烟花爆竹零售网点实施专项整治，对规范整改符合要求的13家烟花爆竹零售点实施烟花爆竹零售实施许可，建立健全安全生产各项规章制度，加强销售过程中的安全监管，落实各烟花爆竹零售点主体责任。7月份后，认真贯彻执行《绵阳市人民代表大会常务委员会关于在绵阳城区范围内禁止燃放烟花爆竹的决议》，对禁止销售燃放区域的塘汛镇、城南街道办事处10家烟花爆竹专卖店依法实施关闭。

【职业卫生工作】 2016年，绵阳经开区坚持“以人为本、科学发展”理念，把职业危害作为监管的重点，加大作业场所职业卫生监督力度。通过实施调查摸底，指导企业健全、完善职业卫生规章制度，采取检查验收、指导服务跟上去的方式，促进企业职业病危害因素申报、检测、评价工作有序开展，促进职业危害防治工作逐步走上健康发展的道路。辖区内存在职业危害风险的工矿商贸企业共98家（其中风险一般的34家、风险较重的43家、风险严重的21家），全区未发生1起职业危害事故，未有1例职业病病例。

【安全生产大检查】 2016年，绵阳经开区深入开展安全生产大检查。镇（街道）、各行业主管部门均认真依法依规履行职责，按照“一岗双责”“三个必须”及全区安全生产大检查工作统一部署要求，突出交通运输、危险化学品、烟花爆竹、建筑施工、城镇燃气、粉尘作业、“三合一”及人员密集场所等重点行业领域，做到“不放过任何一个漏洞，不丢掉任何一个盲点，不留下任何一个隐患”,深入开展安全生产大检查，共派出各类检查组96个350余人次，检查各类生产经营单位562家次，对涉及危险化学品和易燃易爆物品生产、经营等单位实行100%全覆盖检查。

【建立打非治违长效机制】 2016年，绵阳经开区建立安全生产“打非治违”工作长效机制，把严厉打击安全生产非法违法生产经营建设行为纳入常态化管理，“打非治违”工作实现经常化、制度化、规范化。相关职能部门牵头负责监管行业的“打非治违”工作，由主管单位主要负责人带队，相关及职能部门积极配合参与，进行集中整治。由公安交警、消防部门对437起严重非法违法、违规违章行为依法惩处。

【安全风险分级管控】 2016年，绵阳经开区坚持源头治理和过程管控，实施安全风险分级管控，着力解决安全生产领域存在的薄弱环节和突出问题，强化安全风险管控和隐患排查治理，有效防控各类安全风险。制订《绵阳经济技术开发区标本兼治遏制重特大事故工作实施方案》，明确指导思想、目标和工作任务，强化企业安全主体责任落实和安全监督检查相结合，构建形成点、线、面有机结合、无缝对接的安全风险分级管控和隐患排查治理双重预防性工作体系，使违法违规行为引发的事故得到有效遏制，坚决遏制重特大事故发生。

【化工集中区安全风险评价】 2016年，绵阳经开区投入45万元，聘请专业机构以园区现状为基础，兼顾未来发展规划，识别和分析化工集中区内存在的重大危险源及危险有害因素，评价其潜在的风险和可接受程度，确认安全风险的受控程度，提出预防事故、控制风险、降低事故损失及影响的对策措施，实现化工集中区安全生产和周边环境安全。

【安全生产专家库建设】 2016年，绵阳经开区进一步完善安全生产专家库，专家由原来14名增至27名，借助专家优势，促进企业增强安全生产管理的自觉性，借助专业优势和力量，推动企业规范安全生产管理，形成“专家查隐患、政府促整改、企业抓落实”的安全监管新模式。全年，专家们对企业进行100余期（次）隐患排查，诊断排查隐患360余条。

【安全生产托管】 2016年，绵阳经开区通过以企业购买专业机构——绵阳兴科创安科技有限公司服务安全生产管理的方式，继续在西金科技、雪宝乳业、同舟化工等9家企业开展安全生产托管试点工作，企业聘请专家组成员指导企业安全生产检查，定期安全生产检查、安全培训，定期对重点场所、主要设备和危险性较大的作业组织专项检查，并及时报告企业安全生产责任人，督促企业落实整改和整改复查，收到明显成效。

【安全生产宣传】 2016年6月16日，绵阳经开区以“强化安全发展观念，提升全民安全素质”为主题开展安全生产宣传咨询日活动。各镇（街道）和部分行业部门分别在塘汛镇、松垭镇场镇和南湖客运汽车站设立3个咨询点，布置安全生产宣传咨询展台3处，放置、悬挂各类宣传展板、条幅100余块（条），发放各类宣传资料2.2万余份，接待咨询群众2500余人。活动现场各部门宣传国家的安全生产方针政策和法律法规，普及安全知识，向群众提供安全生产和职业卫生方面的咨询服务，大力营造“关注安全，关爱生命”的社会舆论氛围。

【安全文化建设】 2016年5~6月，绵阳经开区组织重点企业开展卫生等安全生产知识竞赛；组织企业观看警示教育片、安全电影；推进安全文化进企业、进学校、进社区、进农村、进家庭的“五进”活动，增强活动的教育性和实效性，不断丰富安全文化建设的载体，努力营造浓厚的安全文化氛围。

（魏永凤）

市场监管

【概况】 2016年，绵阳经开区积极适应价格改革新形势，深入推进明码标价工作。加强日常市场价格监管，切实维护价格秩序、规范收费行为，服务经济发展。积极参加和配合市价格和粮食监督监察局组织的专项检查，持续推进价格诚信建设，扎实做好价格诚信单位、全区价格诚信创建工作。全年开展专项检查2次，受理价格投诉2起，辖区物价环境良好，无重大价格突发事件。

【商品房销售明码标价专项检查】 2016年11月，区经发局会同区住建局，开展商品房销售明码标价专项检查，主要对经开万达和神州南都房地产项目进行随机抽查，抽查显示项目均在醒目位置公示房源信息，不存在价格欺诈，均做到一套一标。

【价格投诉办理】 2016年4月19日，接到市长热线转办要求，区经发局对某加气站小卖部进行调查处理，督促该店做好明码标价工作，杜绝价格违法行为。8月24日，区经发局配合市价格和粮食监督检查局对某楼盘停车位收费被投诉相关情况进行处理，经现场调查，该处停车场已进行备案，不存在不合理收费现象。

（敬渝彬）

工商管理

【概况】 2016年，绵阳经开区围绕“放、管、服”三位一体工作思路，坚持“抓落实、重创新、提效率、优服务”工作主旨，深化商事制度改革，激发市场主体活力，释放经济发展潜力。截至2016年12月31日，经开区实有各类市场主体8167户，同比增长22.72%,实有注册资本（金）222.06亿元，同比增长44.13%，分别占全市市场主体的3.17%和6.44%。全区每万人拥有市场主体数量742人，高于全市473户、全省470户的平均水平。全年，新登记各类市场主体1538户，同比增长12.67%；新增注册资本（金）26.19亿元，同比增长34.51%。2016年企业数量和注册资金投资活跃度分别为18.83%和11.79%，社会投资意愿总体活跃。

【推进“三证合一”改革】 2016年，绵阳经开区全面推进“三证合一”改革，理顺市场主体登记关系。工商分局等部门通过逐户走访、法规宣传、跟踪指导、现场办结等方式，动员52户生产经营地在经开区，但纳税关系在其他地区的企业通过办理“三证合一”登记，将主体登记关系锁定经开区，增加目标税收3142.64万元。

【发放首张“五证合一”营业执照】 2016年9月25日，绵阳经开区向绵阳市坤鑫有限公司发出全市首张“五证合一、一照一码”营业执照，比全国同步实施提前5天。“五证合一”是在企业和农民专业合作社“三证合一”的基础上，再整合社会保险登记证和统计登记证，是党中央国务院继续深化商事制度改革的又一重要举措。全年，1977户企业办理“五证合一”登记，占全区实有登记企业3041户的67.04%。

【个体工商户“三证整合”】 2016年12月1日，绵阳经开区实施个体工商户“三证整合”登记改革。“三证整合”是四川省在全国统一部署“两证整合”的基础上，同步推出的将个体工商户营业执照、税务登记证、社会保险登记证改为由工商部门核发一个加载18位"统一社会信用代码"营业执照的登记制度，是国家商事制度改革"多证合一"向个体工商户的延伸。注册程序更加简化，申请资料由3套减少为1套，办结时间缩短至3个工作日，最快当场可以办结。全年，核发加载社会统一信用代码的个体工商户营业执照88份。

发放首张"五证合一"营业执照

【推进工商登记便利化】 2016年，绵阳经开区通过放宽企业名称、住所、经营范围登记条件，缩减企业注册办结时限，创造宽松市场准入环境。放宽企业集团、连锁公司、无行政区划企业名称核准条件，为绵阳经开投资控股集团有限公司等企业开通绿色登记通道，并向省工商局争取"四川"字头企业名称预先核准受理权，全年，通过远程网络受理168户。进一步细化"住改商""工改商"分类处置，为"互联网+"初创期、成长期的创业创新主体登记提供便利，盘活和利用闲置的各类房源1075户，占总登记户数的69.89%。创新登记地面服务、智慧城市、智慧社区、知识产权运营、虚拟现实设计等新兴行业领域，并于6月1日起实行企业经营范围由申请人自主申请原则。全年，登记依法自主选择经营项目企业184户，激发市场主体创业创新活力。

【加强事中事后监管】 2016年，绵阳经开区加强事中事后监管。依托国家企业信用信息公示系统"全国一张网"，加速部门信息共享，发挥协同监管作用。列入经营异常名录48户次、移出经营异常名录企业19户次，清理吊销长期停业未经营企业119户，协助司法机关冻结股权37件，冻结股权数额12964.3万元。拦截受限法定代表人、董事、监事、经理及其他高级管理人员14人次，向国地税部门通报股权异常变更信息203条。

创新"双告知双随机一公示"举措，采取签署承诺书的方式告知申请人许可事项，并向相关行政审批部门推送涉企信息220余条；在全市率先引进委托第三方专业机构协助机制随机抽查企业59户、个体工商户110户。

"双随机、一公示"：国务院要求在全国推行的在监管过程中随机抽取检查对象，随机选派执法检查人员，抽查情况和查处结果及时向社会公开的一种监管模式；

“双告知”：企业办理登记注册时，工商部门根据省级人民政府公布的工商登记后置审批事项目录，告知申请人需要申请审批的经营项目和相应的审批部门；注册登记后，工商部门将市场主体登记注册信息，通过企业信用信息公示系统或企业信息共享平台告知相关审批部门。

【推进企业年报公示】 2016年，绵阳经开区采取互联网信息传播和借助社会力量协同等宣传方式，指导企业完成年报公示，引导企业主动接受社会监督。2016年度应年报企业2265户，实际年报2259户，年报率99.74%；应年报个体4458户，实际年报3789户，年报率84.99%，均超额完成预定目标。

【维奇电子获诚信守法企业】 2016年12月，绵阳维奇电子技术有限公司通过四川省依法治省领导小组办公室和四川省工商行政管理局联合评审验收，被命名为2016年度“四川省诚信守法示范企业”，成为全省第二批、经开区继四川雪宝乳业集团有限公司之后第二家荣获此荣誉的民营企业。 （李小花）

【商标品牌战略】 截至2016年年底，绵阳经开区共有四川省著名商标12件、绵阳市知名商标17件，其中2016年新认定的四川省著名商标4件、绵阳市知名商标5件。绵阳市工商行政管理局经开分局被绵阳市工商行政管理局评为“2016年推进商标战略广告战略实施工作先进单位”。

【2户企业获国家级“守合同重信用企业”称号】 2016年7月26日，绵阳卓龙市场经营管理有限公司、绵阳华晨瑞安汽车零部件有限公司被国家工商行政管理局新公示为国家级“守合同重信用企业”。至此，经开区国家级“守合同重信用企业”实现零的突破。

截至2016年12月，经开区国家、省、市级“守合同重信用”企业分别为2户、7户、9户。其中2016年新公示的国家、省、市“守合同重信用”企业分别为2户、5户、4户。

四川东材科技集团股份有限公司、绵阳禾创环境艺术工程有限公司、绵阳西金科技发展有限公司、绵阳市佳昊农业开发有限公司、绵阳市全兴种业有限公司5户企业被省工商行政管理局新公示为省级“守合同重信用企业”。绵阳市南鑫二手车交易市场有限公司、四川汉鑫软木制品有限公司、四川富野园林景观工程有限公司、绵阳泰龙科技有限公司4户企业被市工商行政管理局新公示为市级“守合同重信用企业。

表19　　2016年绵阳经开区省（市）著（知）名商标名录表

序号	商标注册人	商标（图样）	商标注册号	类别	核定使用商品/服务	备注
1	四川同路农业科技有限责任公司	鼎盛及图	4624204	31	玉米未加工谷种植物种籽	省著名
2	四川农大高科农业有限责任公司	川农	1535161	31	植物种子	
3	绵阳市佳昊农业开发有限公司	龙洞子	5150890	31	新鲜蔬菜；新鲜园艺草本植物；新鲜水果	
4	绵阳西金科技发展有限公司	西金及图	5353307	7	水泥工业用选粉机；水泥工业用辊压机；石油开采、石油精炼工业用机器设备	
5	四川绿点农业发展有限公司	绿点	3845300	31	自然花、植物	市知名
6	绵阳市佳昊农业发展有限公司	龙洞子	5150890	31	新鲜蔬菜，新鲜水果	
7	绵阳西金科技发展有限公司	西金及图	5353307	7	水泥工业用选粉机	
8	四川农大高科农业有限责任公司	川农及图	1535161	31	未加工谷种；植物种子；西瓜种子等	
9	四川汉鑫软木制品有限公司	纳兰昂多	11647897	19	建筑用木材；软木(压缩)；木地板	

绵阳市工商行政管理局经开分局被绵阳市工商行政管理局评为2016年开展“守合同重信用”企业公示工作优秀单位。

省、市工商局领导及专家到经开区佳昊农业评审省著名商标

【助力中小企业融资】
2016年，办理抵押登记72份，主债权金额66898.5万元、担保金额56548.5万元，帮助中小企业解决融

资难题。（左卫红）

【“3·15”消费者权益日活动】 2016年3月15日，绵阳经开区在金楠天街广场开展“3·15国际消费者权益保护日”和“新消费 我做主”主题宣传活动。区级15个部门（单位）、38家企业、110名消费者代表参加开幕式。现场发放消法、广告法、合同法等法律法规宣传资料1500余份（册），制作宣传标语28条，受理消费者投诉15件，解答群众咨询60余人次。

【流通领域商品质量监管】 2016年，绵阳经开区先后对不合格冬季取暖用品、电动自行车、烟花爆竹、基础教育装备产品、地条钢等商品质量开展5次专项清查整治。配合市局，对辖区销售的电吹风、电视机、电瓶车、消防器、机油、润滑油、齿轮油、车用汽油、柴油等11类共62个批次商品进行质量抽查检测，立案查处销售不合格商品的违法行为9件。

【消费者权益保护】 2016年，绵阳市工商行政管理局经开分局“12315”投诉电话保证全天24小时接听消费投诉和举报，年内接受咨询300余人次。受理消费者投诉156件，调解处理156件，调解率100%，为消费者挽回损失52.04万元。开展企业消费维权行政约谈3次。发布消费警示3期，在辖区建立7个“12315”消费维权站,基本形成消费维权网络全覆盖。

（白长青）

【重点领域监管执法】 2016年，市工商局经开分局对民间投资、烟花爆竹、农资农药、危险化学品等领域进行重点监管。会同公安等相关部门从4月1日起至6月30日开展为期3个月的打击传销违法犯罪专项行动,发放DM宣传单3万份、宣传册5000册，使用灯箱广告30个、公交站台广告位11面进行宣传。

【“红盾春雷行动2016”】 2016年初，市工商局经开分局用3个月时间，开展全省工商和市场监管系统统一组织的“红盾春雷行动2016”。重点治理虚假宣传，强化消费维权，加强网络交易监管，整治汽车专项市场。检查经营企业和个体户968户次，检查商场、超市、集贸市场等各类市场83家次，检查广告475条、辖区企业

“3·15” 消费者权益保护日活动

西普化工实验室

教育·体育·文化

Education Sports and Cultural

教　育

【概况】　2016年，绵阳经开区有各级各类学校49所，其中：高校3所，初中2所，小学3所，幼儿园33所（小学附设2所、民办31所），民办非学历培训机构8所。全区在校学生30964人，其中高校19033人、初中1140人、小学5721人、幼儿园5000人、民办非学历培训机构70人。全区共有教职工2905人，其中高校1888人、初中145人、小学211人、幼儿园661人。

【教育惠民工程】　2016年，绵阳经开区减负、资助共计505.83万元，其中：对绵阳市第十一中学839名学生实施免费午餐共计140万元；免除5所中小学6861名学生全部学杂费和书本费共计304.32万元；按照8%的资助面，对40名家庭经济困难寄宿学生发放生活补助5万元；为十一中2名贫困学生运动员发放资助金0.2万元；减免33名中职学生学费3.23万元；对4名中职学生发放国家助学金0.58万元；对13名经济困难大学生发放助学贷款10.4万元。出台《经开区普惠性民办幼儿园认定工作暂行办法》，全年认定普惠性幼儿园13所，占全区幼儿园总数的39.4%。减免421名家庭经济困难在园幼儿保教费42.1万元，资助人数同比增长48%。

基础教育

【概况】　2016年，绵阳经开区加快教育基础设施建设，完成德政街小学食堂项目主体建设，待内部装饰装修、设备安装完成后即可投入使用。编写并印制《经开教育》共3期，集中反映和展示全区教学、教研活动的最新动态和成果。将经开区中小学期末考试、教学质量分析纳入游仙区教育系统统一实施。全年减负、资助共计505.83万元，其中：对绵阳市十一中学839名学生实施免费午餐共计140万；免除5所中小学6861名学生全部学杂费和书本费共计304.32万元；对40名家庭经济困难寄宿学生发放生活补助5万元；减免33名中职学生学费3.23万元；对13名经济困难大学生发放助学贷款10.4万元。出台《经开区普惠性民办幼儿园认定工作暂行办法》，全年认定普惠性幼儿园13所，占全区幼儿园总数的39.4%。减免421名家庭经济困难在园幼儿保教费42.1万元，资助人数同比增加48%。

【教师队伍建设】　2016年，绵阳经开区通过公招和选调，补充教师16名，优化教师学科和年龄结构。组织全区235名教师参加省、市组织的校长、骨干教师师资培训。全区1名教师申报中级职称评定，7名教师申报高级职称评定。召开2016年经开区教师节表彰大会，对全区教育先进集体和先进个人进行隆重表彰，弘扬尊师重教的良好风尚。

【师德师风暨法律知识培训大会】 2016年7月2日，绵阳经开区在四川电子机械职业技术学院举行全区教师师德师风暨法律知识培训大会。区党工委委员、管委会副主任戴顺贵参加培训会并讲话。游仙区教体局纪委书记杨国强应邀作题为《教师职业法律风险防范》的专题法律知识讲座。全区中小学、幼儿园全体教师和区社发局工作人员共计400余人参加培训。

【教学研究】 2016年，区社发局成立教研室，组织学校开展教研活动20余次，参与教师400人次。编写并印制《经开教育》12期，集中反映和展示全区教学、教研活动的最新动态和成果。将经开区中小学期末考试、教学质量分析纳入游仙区教育系统统一实施。

【市教体局到区调研】 2016年11月14日，绵阳市教体局党委书记、局长胡东一行到经开区调研教育发展工作。区党工委副书记、管委会主任赵明君参加调研并出席座谈会，党工委委员、管委会副主任戴顺贵陪同调研。胡东一行先后深入绵阳市第十一中学、绵阳市第十九中学、塘汛小学、德政街小学，实地察看校园环境及硬件设施，详细了解学校建设、教学管理、办学规模和教师培训等情况。胡东希望经开区加大教育发展支持力度，认真做好教育发展规划，预留教育发展用地，积极引进高品质教育资源，采用“社会资本+名校”模式，大力兴办基础教育。

【教育对外交流】 2016年，绵阳经开区选派富临实验小学和第十一中学各1名教师分赴壤塘县和昭觉县支教，实施为期两年的“三区”人才支持计划、藏区千人支教十年计划。12月21日，壤塘县教育局选派18名师生到经开区开展“冬令营”活动。区社发局和中小学校长先后4次分赴仙海区中心小学、吴家小学、游仙区教体局、涪城区教体局和江油市教体局学习先进的管理经验和教学方法，探索适合经开区的教育发展思路。

【德育素质教育】 2016年，绵阳经开区组织开展未成年人思想道德建设和文明校园创建活动，各中小学校组织开展“社会主义核心价值观教育”“中华经典诵读比赛”“美德少年评选”“我们的节日”“庆六一”等系列主题教育活动，开展学雷锋、网上祭英烈、“三关爱”等志愿服务活动，提升全区师生的德育素养。全年选派3名优秀德育干部参加市级培训，推荐表彰市级“三好”学生5名、优干生5名、先进班集体4个。

【少年宫建设】 2016年，绵阳经开区组织辖区中小学参加绵阳市第五届乡村（城市）学校少年宫成果展，荣获“优秀组织奖”称号。绵阳市第十一中学成功创建为绵阳市“田径特色学校少年宫”。

【塘汛小学】 始建于1925年，位于绵阳经开区塘汛镇南街239号。学校占地3.4公顷，建筑面积7760平方米。2016年学校有37个教学班、在校学生2176人，教在行业、企业、社会中引进双师型人才，师资队伍水平稳步提高。学院舞蹈《青苹时节》在第六届中国舞蹈荷花奖比赛中荣获艺术院校组作品铜奖；歌剧《原野》片段在第二届全国高等艺术院校“歌剧、声乐”展演，获得歌剧片段组三等奖；获得“首届全国高校旅游纪念品设计大赛”金奖。学院先后加入欧洲文化艺术联盟、国际设计师协会，与美国、英国、新西兰、韩国、日本、俄罗斯等国外著名艺术学院建立多个留学项目、教育教学项目。

【四川电子机械职业技术学院】 经教育部审批，四川省教育厅主管，以工学和管理学科为主的全日制普通高等院校。学院具有25年职业教育办学历史，办学经验丰富，办学理念先进，专业建设特色鲜明，形成以专业能力为核心的人才培养模式，具有完善的教学质量保障体系。2016年学院有教职工693人，其中专任教师485人。设立电子信息工程系、机电工程系、经济管理系、建筑工程系、艺术设计系5个系部，开设23个专业，在校学生7105人。2016年，学院围绕发展与共享两大主题，“三个全面”奋力推进学院事业新发展，全面深化改革，全面推行制度管理，全面加强教职工队伍建设。学院2016年围绕三个方面做好三件大事。围绕扩大办学规模，进一步加强宣传，吸引学子就读；围绕提升办学条件，进一步加快总投资7200万元的3万平方米校舍、景观工程项目建设；围绕提升办学水平，进一步改革创新，强化内涵建设，加强师资培养。

体　育

【概况】 2016年，绵阳经开区承办市级赛事1项，组织区级赛事30场，推动以足球为首的校园“三大球”活动。完成农民体育健身工程1个，新建社区综合运动场2个，全民健身路径1条。免费开放体育场馆进行体育锻炼1.7万人次。培训10名二、三级社会体育指导员，并指导街道、社区全年举办综合性及单项体育比赛20余次。

【学校体育】 2016年，绵阳经开区组织开展第二届“雪宝杯”校园“三大球”区级联赛，做好校园三大球活动推广。广泛开展阳光体育运动，大课间体育活动，确保全区学生每天体育锻炼一小时。完成2016年度学生体质健康监测工作，辖区内参与测试的学校和学生数均达100%。荣获市委、市政府授予的“优秀组织奖”和“体育道德风尚奖”称号。

【参加绵阳市第六届运动会田径项目比赛】 2016年7月27日,绵阳市第六届运动会田径项目比赛在北川中学结束。绵阳十一中、十九中、塘汛小学组成的经开区田径代表队36名运动员参加了此次比赛，共获得3金8银4铜，并以总分183分的优异成绩名列全市第三名，创造经开区参加各类大赛的历史最佳战绩。

【承办绵阳市2016年青少年棋类锦标赛】 2016年12月4日，市教体局、市青少年体育俱乐部联合会主办、经开区社发局承办、绵阳市十一中学协办的2016“中国体育彩票杯”棋类锦标赛在绵阳市十一中学举行。来自全市8个县（市、区）、2个园区25所学校的27支代表队500余名领队、教练和优秀青少年棋手参加。经开区代表队24名棋手中14人分别进入各组前八名。在国际象棋项目上有2名棋手进入前三名，获得中考加分资格。经开区初中队荣获初中组团体总分第六名，绵阳市第十一中学荣获“优秀组织奖”。 （张艳琴）

文　化

【概况】 2016年，绵阳经开区按照“省级补助、区级配套、乡镇实施”的三级联动运行机制，指导“两镇一办”加强对公共文化服务体系建设专项资金（农村文化建设）和图书馆（站）免费开放专项资金的管理和使用，做到专项资金项目化，不断完善基础设施建设，促进乡镇综合文化站、村（社区）综合文化室的软硬件建设上档升级，提升公共文化服务水平，让群众共享文化发展成果。以社会主义核心价值观为主题，举办农民读书月、迎新春职工文艺晚会、职工摄影培训、职工篮球比赛、书法摄影比赛、邻居坝坝宴、群众象棋比赛等活动，吸引上万名群众参与。

【迎新春文艺会演】 2016年1月25日，由绵阳经开区总工会、宣传文化中心联合举办的迎新春职工文艺会演在佳昊农业生态园举行。由各基层工会和驻区单位选送的《兵娃娃》《激光炫舞》《一家人的爱》等15个精彩节目赢得观众掌声，全区500余名干部职工参加活动。

【书法摄影比赛】 2016年7月,绵阳经开区举办纪念中国共产党成立95周年书法摄影比赛，共收到书法作品17副（组）、绘画作品13副（组）、摄影作品25副（组），来自经开投控王成佳的《梅岭三章》和宣传文化中心夏宁的《拼争》分获书法类、摄影类一等奖。展示经开区广大干部职工良好的艺术修养和饱满的创作热情。

【摄影技能培训】 2016年8月19日，绵

迎新春文艺汇演

阳经开区举办职工摄影技能培训。绵阳摄影家协会秘书长、绵阳市首届至第四届“摄影十杰”钟欢老师，从光与影的应用、摄影构图、了解色彩、如何选择购买摄影器材等多个方面，为广大干部职工详细讲解摄影的基础理论和实际操作方法。全区各部门（单位）负责办公室文秘、宣传的工作人员及摄影爱好者近百人参加培训。

（陈镜蔚）

【文化惠民工程】 2016年，绵阳经开区做好基层综合性文化服务设施资源整合使用，全区3个乡镇（街道）综合文化站、25个农家（社区）书屋常年免费开放；2个固定电影放映点得到有效利用；松垭广播“村村响”工程建成投入使用；全年开展“欢乐送基层，文化暖民心”送文化下乡3场，“绵州大舞台·惠民展演季”经开区专场3场；免费放映农村公益电影160场次。

【村村响广播工程】 2016年12月，绵阳经开区松垭镇广播“村村响”工程验收合格并投入使用，该工程投入27.12万元，于2015年年底启动建设，涉及白山社区、德政社区、庙基子村等9个村社。

【送文化下乡】 2016年5月23日~25日，绵阳经开区开展以“欢乐送基层.文化暖民心”为主题的送文化下乡慰问演出活动。活动分别在塘汛镇、松垭镇、城南街道举行，吸引区内外3000多群众到场观看。通过政府购买文化服务的方式，邀请市艺术剧院派出专业演出团队，组织10多个精彩的节目。同时，镇（街道）也分别组织2~4个精彩节目参加演出。戏剧综艺《南腔北调》、女子风情舞蹈《春闺梦》、情景舞剧《别洞观景》赢得观众好评。

【惠民演出走进经开区】 2016年7月19日~21日，由市委宣传部、市文广新局主办，绵阳市艺术剧院、经开区宣传文化中心、镇（街道）承办的“绵州大舞台”惠民演出第四季分别在塘汛镇、松垭镇、城南街道举行，吸引区内上千群众到场观看。4个传统的川剧节目《扈家庄》《挂画》《滚灯》《变脸》获得观众好评。

【文化市场监管】 2016年，绵阳经开区按照《音像制品经营守则》《网吧经营守则》《电子游戏场所经营守则》等文化管理制度，加强对辖区内文化经营单位的监督管理。全年宣传文化中心会同公安、消防、工商等部门开展安全生产检查10次，对检查中存在的问题均提出了限期整改措施。

（左海豹）

【文化遗产保护】 2016年，绵阳经开区宣传文化中心会同塘汛镇政府，建立文物安全月查制度，每月对两处文物进行安全检查，建立检查台账，排查安全隐患，确保文物安全。邀请专业文物修缮公司，就肖杨氏节孝坊修缮工作进行摸底论证。

【肖杨氏节孝坊】 地处绵阳经开区塘汛镇场镇下场口、绵三公路旁，建于清咸丰四年（1854），坊为四柱三门三层牌楼式石质建筑，高10.2米，宽7.05米，由坊刹、坊身、坊柱、坊基构成。坊刹为“山”形，坊身又分三层，从下向上逐层内收，每层均有坊脊、鸱吻、吊柱和镂空窗棂等，嵌有“福如东海，寿比南山”等楹联。各层坊间板刻有不同图案的饰纹，第一层刻有肖杨氏生平简略，二、三层分别嵌镌“节孝”“皇恩”匾额。肖杨氏节孝坊建筑结构严谨，气势雄伟，雕刻精细流畅，是造技颇高的清代石质构遗物，是展示塘汛“孝老爱亲典范”的珍贵文物。

【拱辰塔】 地处绵阳二环路与塘汛大桥、绵三公路交会处的立交桥转盘之间，建于清光绪二十七年（1901）九月，塔用青砖砌成，高 23.05 米，共九层，上嵌球型宝顶卦塔，系当地村民镇水定舟之用。是民间砖建塔工艺的宝贵遗产，是展示塘汛人民同洪水等自然灾害作顽强斗争的珍贵文物。

【侯家上桅杆】 侯家桅杆位于松垭镇科兴种业对面，近方山寺与普照寺，原有“直径达 3 米，高 0.68 米的圆形石围相护”（现圆形石围已无存），全石，六角形，边长 0.25 米，下大上小，全高约 9 米，上三分之一处设斗升，斗升下小上大，各面镂空雕刻孔方兄，杆顶雕成球形。桅杆多处有裂纹，上部用铁丝箍扎。人言是侯家有人中举人而立桅杆，原松垭镇有 3 处石桅杆，现在只剩侯家上桅杆，下桅杆已无存。

【普照寺】 普照寺是松垭马嘶渡坝有名的寺庙，同治《直隶绵州志》记：“普照寺，参《旧志》，治东四十里，在今马嘶渡坝，明天顺间建。”民国《绵阳县志》载：“普照寺，在治东四十里马嘶渡坝。明天顺间建，崇祯末寇举火焚寺辄灭，咸异之，遂合掌去。地藏殿至今岿然尚存。康熙中僧宝山重修。嘉庆五年（1800），教匪至境，独老衲道参献，焚不去，贼闻前事，致敬而去。寺内有天启时铁磬一，崇祯时匾额二，犹存。”普照寺初建于明代天顺年间，康熙中僧宝山重修，道光十二年（1832）德正重修，历经崇祯寇乱和嘉庆教匪之乱而安然无恙。至今已有 100 多年历史，旧庙无存，有新建大雄宝殿。

【绵阳市烈士陵园】 绵阳市烈士陵园始建于 1955 年，1985 年 10 月，绵阳市人民政府将陵园扩建并命名为绵阳市烈士陵园，总面积近 20 公顷。由烈士公墓、烈士纪念馆、烈士纪念广场等建筑物组成。

烈士公墓位于纪念广场内，墓内安埋着 67 名烈士遗骨。烈士纪念馆始外观为八角仿清古建筑，分为内厅和外厅两个部分。内厅存放着 11 位烈士遗物，外厅采用 400 余幅珍贵图片，重点展示 44 位革命烈士的英勇事迹。烈士纪念广场占地约 2000 平方米，四周松柏成林，绿树参天。

1985 年 3 月，烈士陵园被绵阳市人民政府确定为市级文物保护单位。先后于 1995 年、1996 年被命名为爱国主义教育基地、四川省烈士纪念建筑物重点保护单位、绵阳市国防教育基地。1995 年荣获中华人民共和国民政部“烈士纪念建筑物管理先进单位”称号。

【六一堂】 欧阳修祖籍庐陵（今江西吉

安），宋景德四年（1007）年出生于绵州推官衙门。六一堂是为纪念欧阳修而建，原址在绵阳市第一中学内。因已无遗迹保留，无法旧地重修，绵阳市人民政府于1989年拨款在风景秀丽的南湖公园内重建。

六一堂位于南湖公园南面，四周松柏掩映，环境清幽，有阶梯直上。大堂为仿古建筑，六柱五开间，斗拱装饰，飞檐翘角，堂中置欧阳修雕像一座，配有书画匾联。近几年，在此举办过“欧阳修研究会”“欧阳修1007周年诞辰祭祀典礼”。

卫生与人口计划生育

Health and Family Planning

一号桥

社会生活

Social Life

城乡居民生活

【概况】 2016年，绵阳经开区坚持以科学发展观为指导，坚持稳中求进的工作总基调，全面深化改革扩大开放，加快经济提质增效升级，全区经济保持平稳发展态势，结构调整出现积极变化，民生保障水平进一步提高，社会事业全面发展。全区城镇居民人均可支配收入29407元，同比增长8.2%；农村居民人均可支配收入13504元，同比增长9.3%。

社会保险

【概况】 2016年，绵阳经开区大力推进社会保险供给侧结构性改革，以扩面征缴、基金管理、社保服务为重点，全面实施社会保险“一补（失业保险稳岗补贴）、三降（降低企业缴纳养老保险费率、降低失业保险费率、降低工伤保险费率）、四提高（提高退休人员基本养老金标准、提高城镇职工城镇居民医疗保险报销限额、提高工伤人员相关待遇标准、提高失业保险金标准）”政策，着力减轻企业缴费负担，提高社会保险待遇水平，不断扩大社会保险参保覆盖率。至年底全区社会保险累计参保69299人次，征缴社会保险费13519.78万元。领取养老保险待遇的退休人员共计14100人（其中机关事业单位领取养老保险待遇的退休人员201人、企业职工领取养老保险待遇的退休人员12973人、城乡居民领取养老保险待遇的人员926人），全年支付退休人员养老保险待遇共计15938.34万元。2016年，绵阳经开区被评为全市社会保险工作先进单位。

【企业职工养老保险】 2016年，绵阳经开区继续实行企业职工参加养老保险“三不限”政策，即：不限身份、不限户籍、不限就业方式，凡在法定退休年龄以内的本地城乡户籍人员可根据自身缴费能力在户籍所在地自愿选择参加企业职工养老保险或城乡居民养老保险，在本区从事灵活就业且符合参保条件的外地户籍人员可在本区自愿申请参加企业职工养老保险，实行“二增”“一降”两项费率政策，即：增加40%、50%两个缴费档次；将企业职工参保单位缴费比例由原来的20%降低为19%，提高辖区企业和群众的参保积极性。2016年，全区企业职工养老保险累计参保6753人（其中单位参保3489人、个体参保3264人），征缴养老保险费共计9445.3万元。全区领取养老金的企业退休人员共计12973人，按时足额发放企业退休人员养老金13512.10万元，支付退休死亡人员待遇229人643.30万元；办理企业退休人员领取养老金资格认证12973人，认证率为100%；办理领取养老金资格异地协查认证480人。办理养老保险关系转移624人(其中转入548人、转出76人)。

【城乡居民养老保险】 2016年，绵阳经开区城乡居民基本养老保险覆盖13185人，参保缴费 5786 人，征缴城乡居民养老保险费 138.71 万元；领取城乡居民基本养老保险待遇 926 人，按时足额发放城乡居民社会养老保险养老金 120.19 万元。办理城乡居民社会养老保险待遇领取资格认证 1124 人，认证率 99.6%。办理省内城乡居民基本养老保险转入 2 人,转入基金 0.47 万元。

【机关事业单位养老保险】 2016 年 9 月，绵阳经开区按照省、市统一部署，正式启动机关事业单位养老保险征集工作。通过单位参保登记、人员信息采集、缴费工资申报、缴费基数核定、征集计划下达、基金征缴入库等流程，全区 24 个具有独立法人资格的机关事业单位 658 名干部职工全部参加了机关事业单位养老保险，参保率 100%。全年全区共征缴机关事业单位养老保险费 939.44 万元、职业年金 1075.25 万元。

【养老金待遇调整】 2016 年 9 月，绵阳经开区按照四川省人社厅、四川省财政厅统一部署，对2016 年以前已按规定办理完退休、退职审批手续并按月领取养老金的退休、退职人员（2015 年 12 月 31 日及以前已死亡或终止养老保险关系的退休、退职人员除外）实施基本养老金调整。调整办法实行定额调整、挂钩调整和适度倾斜相结合，定额调整标准为每人每月增加 40 元；挂钩调整标准按身份性质分别调整（其中：企业退休人员以本人 2015 年 12 月的基本养老金为基数增加 3.5%，缴费年限超过 15 年的,每满 1 年增加 3 元；机关事业单位 2014 年 10 月 1 日及以后退休的人员按照企业退休人员挂钩调整办法调整，2014 年 9 月 30 日及以前退休的人员以本人 2015 年 12 月的基本养老金为基数增加 5%）；倾斜调整主要针对 70 周岁及以上高龄退休人员、2015 年年度内艰苦边远地区新增企业退休人员、企业退休军转干部等特殊群体进行调整（其中：高龄退休人员按满 70 不满 80 岁、满 80 不满 90 岁、满 90 岁及以上三个年龄段每人每月分别增加 40 元、80 元、120 元，2015 年年度内艰苦边远地区新增企业退休人员按一二类地区、三四类地区、五六类地区三个类别每人每月分别增加 40 元、50 元、60 元，对基本养老金偏低的企业退休军转干部，继续按照中办发〔2003〕29 号文件予以倾斜），确保其基本养老金不低于全省企业退休人员平均水平。经开区本级退休并享受养老金待遇调整政策人员共计 11336 人，其中：企业退休人员 11152 人，人均每月增加基础养老金 90.6 元；机关事业单位退休人员 184 人，人均每月增加基础养老金 266.41 元。待遇调整从 2016 年 1 月 1 日起执行，9 月 19 日将应补发退休人员 1~9 月调待增加的基本养老金 909.95 万元全部发放到位。

【基本医疗保险】 2016 年，绵阳经开区按照市人社局、市医保局的统一部署，全面实施医疗保险市级统筹，大力宣传和严格执行《医疗保险市级统筹业务经办流程》，加强医疗保险基金管理和定点医疗机构管理，完善医疗保险定点医疗报销结算和异地医疗报销结算管理制度，落实城镇职工、城镇居民基本医疗保险政策范围内最高支付限额调整政策（城镇职工医疗保险政策范围最高支付额由原来的25万元调整为27万元，城镇居民医疗保险政策范围最高支付额由原来的14万元调整为15.5万元)，着力解决群众看病难看病贵的问题。全年全区基本医疗保险参保18643人，其中城镇职工医疗保险参保4708人、城镇居民基本医疗保险参保13935人（其中儿童1533人、在校大学生4533人)；征缴医疗保险费1724.02万元，其中征缴职工医疗保险费1500.61万元、城镇居民医疗保险费223.41万元。医疗费用结算报销98830人次911.26万元，其中城镇职工医疗费用结算报销96758人次323.95万元（其中普通门诊和定点零售药店购买药品费用结算报销96581人次227.71万元、住院医疗费用结算报销177人次96.24万元)，城镇居民医疗费用结算报销2072人次587.31万元（其中普通门诊费用结算报销674人次9.42万元、住院医疗费报销1398人次577.89万元。)

【城乡居民医疗保险】 2016年，绵阳经开区新型农村合作医疗参合人数50770人，参合率100%，共筹资2400余万元。另有13570人参加城镇居民医疗保险。参保人员住院费用政策范围内补偿比、实际补偿比、门诊费用报销比分别为75%、65%、70%。

【医疗大病补充保险】 2016年，绵阳经开区城镇职工大病补充保险缴费标准为每人每年120元，其保障对象为参加本区城镇职工基本医疗保险且已缴纳当年职工大病补充保险费用的人员。城镇居民大病补充保险保障对象为参加本区城镇居民基本医疗保险的参保人，其费用从城镇居民基本医疗保险基金中列支，参保人个人不缴费。中国人寿保险股份公司绵阳分公司为经开区大病补充保险的承办机构。2016年，全区城镇职工大病补充医疗保险参保4341人，征缴城镇职工大病补充医疗保险费52.09万元，大病医疗费用补充报销67人次，报销金额10万元。城镇居民大病补充医疗保险参保13935人，大病医疗费用补充报销75人次，报销金额65万元。

【失业保险】 2016年,绵阳经开区继续贯彻落实失业保险“一降”（失业保险费率由3%降至2%，其中单位缴费费率由2%降至1.5%、个人缴费费率由1%降至0.5%)、“一补”（给予企业失业保险稳岗补贴）支持企业稳定岗位政策，至2016年年底，全区失业保险参保3785人，征缴失业保险费181.46万元，发放失业保险金380人38.38万元（其中区本级发放失业保险金368人36.62万元、代发异地失业保险金12人1.76万元)，为380名失业人员缴纳基本医疗保险费共计13.57万元；向符合政策规定条件的37家企业发放失业保险稳定岗位补贴52.17万元，占企业2015年度缴纳失业保险费的50%。

【工伤保险】 2016年，绵阳经开区工伤保险参保4007人，征缴工伤保险费96.78万元，其中新开工建设项目参加工伤保险5个，项目参保率100%，缴纳工伤保险费41.41万元。支付工伤保险费9人次10.87万元，其中支付工伤医疗费用报销5人次3.69万元、支付一次性伤残补助金4人次

7.18万元。

【生育保险】 2016年，绵阳经开区生育保险参保3992人，征缴生育保险费55.3万元。支付生育保险费109人次101.4万元，其中支付生育医疗费28.5万元、支付生育津贴72.9万元。

【失地农民社保安置】 2016年，绵阳经开区完成10个征地项目1084名被征地农民社保安置方案编制申报工作，办理被征地农民参加城镇职工基本养老保险221人、参加城镇居民医疗保险236人。继续实施全市老失地农民参加城镇职工基本养老保险三年计划，年度内全区共办理老失地农民参加城镇职工基本养老保险1539人（其中超龄人员参保1203人、未超龄人员参保336人），征缴基本养老保险费6629万元，市、区财政拨付老失地农民参保缴费补助2119.54万元。截至2016年底，全区共办理老失地农民参保5205人，市、区财政共拨付老失地农民参保缴费补助7300万元，有效解决老失地农民老有所养的问题。

【退休人员社会化管理服务】 2016年，绵阳经开区实施退休人员社会化管理服务业务下延村（社区），区劳保中心为全区25个村（社区）开通金保专网，授予退休人员管理系统、省级平台认证系统等系统使用权限，配备电脑、打印机、复印机等网络设备和专职劳动协理员，退休人员社区管理服务全面实现。2016年，全区25个村（社区）全部完成社区退休人员信息清理核实和系统管理，有序开展了养老金待遇领取资格认证、异地协查认证、政策咨询服务、待遇协助查询、重领冒领养老金待遇追缴、退休人员文化娱乐、困难人员帮扶慰问等社会化管理服务活动。全区社区退管系统管理退休人员共计13861人（其中代管市级退休人员888人、区本级退休人员12973人），办理领取养老金待遇资格认证共计13861人（其中代管市级退休人员888人、区本级退休人员12973人），认证率为100%，办理异地协查认证1063人。组织退休人员春节、重阳节文化活动2次，慰问退休人员、特困人员、留守人员13861人次，发放慰问品30余万元。

【重阳节庆祝活动】 2016年重阳节期间，

塘汛三河社区庆重阳文艺汇演

绵阳经开区各社区（村）按照区劳保中心统一部署，组织开展形式多样的重阳庆祝活动。区党工委、管委会领导带队，对辖区1.2万名退休人员和54名重病人员、百岁老人、特困老人、空巢老人进行走访慰问，发放慰问物品25万余元。板桥、三河、白山等社区组织开展老年文艺会演活动，展现退休人员“老有所乐”的精神风貌。中心、德政等社区组织召开退休人员茶话会，拉家常、叙乡情、话生活、感党恩。南塔社区举办坝坝宴，700余名退休人员相聚一起，观看文艺表演，品尝幸福生活。城南卫生服务中心、塘汛卫生院、万江眼科医院组织医生进社区送义诊，免费为5000余名退休人员进行健康体检、讲解健康知识。

劳动保障

【概况】 2016年，绵阳经开区坚持以“民生为本就业优先”“抓就业就是抓发展”为执政理念，紧紧围绕园区产业发展这个中心，以促进失地农民、高校毕业生、军队退役人员等重点群体就业创业为重点，以“技能培训、就业促进、创业扶持、助企稳岗、用工监管”为抓手，深入实施“互联网+就业”服务模式，认真落实就业创业政策，狠抓就业创业促进活动，努力缓解结构性失业压力，实现“十三五”公共就业创业服务的良好开局。全年全区城镇新增就业951人，下岗失业人员实现再就业359人，援助困难对象就业95人，创建省级创新创业孵化基地2个、市级创新创业孵化基地2个、市级返乡农民工创业基地1个、高校毕业生见习基地2个，促进高校毕业生成功创业55人。农村劳动力实名登记入库1.17万人，就业失业登记3.27万人，城镇登记失业率3.95%，低于全市4%的控制目标。被市政府评为全市人力资源和社会保障工作先进单位，被市就业局评为全市就业创业服务管理工作先进单位。

【就业促进】 2016年，绵阳经开区按照“重服务、强技能、搭平台、抓帮扶”的工作思路，积极组织开展各种形式的就业创业促进活动。全年收集、发布用工求职岗位信息12期8000余条，向居民小区张贴公共招聘网二维码1000张，网上登记发布辖区企业招聘信息30家900余条次、个人求职信息1245人次。组织113家用工企业参加经开区春风送岗位现场型招聘会，提供就业岗位7000余个，约2万名群众到场应聘洽谈，现场达成就业意向1985人次。全年开发社区劳动协理、保洁、治安巡护等公益性岗位277个，援助265名“4050”就业困难人员、7名参战参核退役人员和5名零就业家庭劳动力实现就业。认真落实积极的就业扶持政策，全年发放就业援助人员岗位补贴287万元，为就业援助人员缴纳社会保险费42万元，为278名灵活就业人员发放社保补贴59万元，为1名高校毕业生见习基地见习人员发放见习补贴4800元，为4家企业17名大学生发放企业吸纳大学生社保补贴15.3万元，为37家符合失业保险稳岗补贴条件的企业 1063 名在岗人员发放稳岗补贴 53 万元。

【春风送岗位招聘会】 2016 年 2 月 26 日，由绵阳经开区党工委、管委会主办，区劳保中心承办，区总工会、团工委、妇工委、四川同立实业集团协办的“经开区 2016 年春风送岗位—四项承诺大型招聘会”在同立国际汽车城广场举办。市人社局副局长潘仕荣，区党工委书记毛一兵，区党工委副书记、管委会主任代宏，区党工委委员、管委会副主任戴顺贵等领导对招聘会现场组织工作进行考察，并与部分参会企业和求职群众进行交流。

招聘会会场分设科技教育类企业招聘区、现代服务类企业招聘区、生产制造类企业招聘区、房地产业商品零售业类企业招聘区、劳动保障政策法规宣传咨询区等 5 个功能区，九州电子、华润啤酒、利尔化学、雪宝乳业等 113 家用工企业参加招聘会，共提供就业岗位 7000 余个，吸引区内及周邻乡镇近 2 万名求职者到场选岗应聘，现场达成就业意向 1985 人次。

“春风送岗位——四项承诺”招聘会现场

【职业培训】 2016 年，绵阳经开区大力实施农民工岗位技能及失地农民就业转移技能提升计划，采取加强定点培训机构招标管理、科学制订培训计划、实施跟班管理服务、开展培训绩效考核等措施，扎实抓好职业培训工作。全年组织家政服务、电子商务、中式烹饪、电子焊接、育婴师、养老护理员、钳工、焊工等职业技能培训 27 期，免费培训农民工、失地农民 1460 人。

【高技能人才“1+3”培养计划实施】 2016 年，绵阳经开区积极实施“1+3”高技能人才培养计划，首次组织开展技能大师工作室创办评审活动，着力在全区培养一支高技能人才队伍。“1”就是打造一个技能人才培养平台：依托技能技术较高的企事业单位和职业技术学校，创办技能大师工作室，吸引科技人才和高技能人才开展技术攻关创新和高技能人才培养。“3”就是实施三项政策保障：明确平台建设政策，制定《关于建设经开区技能大师工作室的意见》《经开区技能大师工作室建设项目实施管理办法（试行）》等政策性文件，明确技能大师工作室发展规划、设立评估、推进措施；实施配套支持政策，被评定为市级技能大师工作室的，除享受市上奖励政策外，区管委会还将给予每个工作室1万元至2万元的经费补助；实施人才鼓励政策，对在技术攻关创新、高技能人才培养等方面取得显著成效的技能大师工作室及其领军人才，优先获得园区科技专项资金、人才专项资金、产业发展专项资金的支持，并在市级以上先进评选、劳模评选、专利申报、高级职称评定、专家特殊津贴申报等方面予以优先推荐。2016年，经开区分别在美丰化工、雪宝乳业、富临精工建立区级技能大师工作室，并推荐美丰化工、富临精工申报市级技能大师工作室。3个技能大师工作室拥有科技人才和高技能人才50余名。

【创新创业】 2016年，绵阳经开区深入实施大众创业、万众创新发展战略，坚持以创业带动就业，重点围绕高校毕业生、返乡农民工、失地农民等重点群体，通过提供创业免费培训指导服务、建立创业孵化基地、组织项目展示及融资对接活动、实施“两补一免”创业扶持政策等措施，促进全民创新创业。指导智汇谷创新创业孵化器、积家工业园创新创业孵化基地2个市级创新创业孵化基地升级为省级，并在积家工业园新建市级返乡农民工创业孵化基地。2016年全区新入住孵化基地项目64个，其中大学生创业项目31个、返乡农民工创业项目18个。免费举办SYI创业培训7期，培训人员210人，邀请知名企业家和创业导师到孵化基地为创业项目进行会诊指导20余人次。发放高校毕业生创业补贴资金44万元、失业保险稳岗补贴53万元，为创业项目减免税费、场地租金及物业管理等费用100余万元，促进55名高校毕业生成功创业，带动就业264人。

【电子商务知识免费培训】 2016年，绵阳经开区大力实施电商发展计划，免费为辖区企业管理人员和有从事电子商务创业意愿的群众提供电子商务知识培训，旨在为企业建立电商营销渠道、为失地农民自主创业开办网店提供最直接、最有效的帮助。培训活动由区劳保中心主办，智汇谷科技有限服务公司、微波电子职业培训学校联合承办，邀请西南科技大学教授和电商企业专家进行专业知识讲授与实际操作培训。培训内容包括网页制作、网络营销、电子商务交易安全、网店开办、电子商务平台选择等知识。全年共举办电子商

技能培训现场招聘推荐会

务专业知识免费培训 4 期，培训学员 210 人，其中辖区企业管理人员 150 名、有从事电子商务创业的失地农民 60 名。

【2 个项目参加全市创新创业大赛获佳绩】 2016 年 8 月 18 日，绵阳经开区创业项目四川海外买科技有限公司（以下简称海外买科技）、四川帮吉网络科技有限公司（以下简称帮吉科技）在中国科技城第五届高校毕业生创新创业大赛上，以其精彩的路演和答辩，得到创业导师、专家评委和创投机构投资大咖的青睐，四川草编磁悬浮系列摆件有限公司、四川微码正品卫士有限公司当场分别与海外买科技、帮吉科技签订合作协议，四川静塞联合科技教育有限公司当场与帮吉科技签订 100 万元额度的意向投资协议。同时，海外买科技、帮吉科技还被评为中国科技城第五届高校毕业生创新创业大赛优秀奖，并在 9 月 21 日科博会中国科技城第五届高校毕业生创新创业大赛颁奖大会上受到市委、市政府的表扬奖励。

【4 个项目被评为全市重大人才项目】 2016 年 9 月 19 日，在全市人才工作会议上，绵阳经开区 4 个项目被评为“军民融合专项”等重大人才项目，受到绵阳市人才工作领导小组的表扬资助。其中：四川旭虹光电科技有限公司超薄高铝盖板玻璃基板研发团队被评为“军民融合专项重大团队（人才）项目创新创业团队”，受到表扬资助 120 万元；四川宝天智控系统有限公司总裁刘高川被评为“军民融合专项重大团队（人才）项目创新创业人才”，受到表扬资助 50 万元；梯爱司表面处理技术（绵阳）有限公司类金刚石涂层研发团队被评为“科技型中小企业涌泉团队领军团队”，受到表彰资助 80 万元；四川省豆箕科技股份有限公司总经理钟红被评为“千英百团聚才计划创新创业人才”，受到表扬资助 50 万元。

【宝天智控参加创新创业三大赛事均获佳绩】 2016 年 8 月 18 日，在四川省就业服务局和绵阳市人社局联合主办的“寻找创业合伙人”精英汇活动中，四川宝天智控系统有限公司从全省 50 余个创业项目中脱颖而出，成为 8 个路演项目之一，受到创投机构投资大咖的青睐，四川昊合投资管理有限公司现场与其签订 200 万元额度的意向投资协议。

中国创翼全国总决赛

9月29日，宝天智控在第二届“中国创翼”青年创业创新大赛高端装备制造业全国总决赛中，以高端技术含量和“路演+干货分享”的精彩演绎，荣获全国总决赛“优胜奖”，成为四川省在此项赛事全国总决赛中唯一获奖的团队。

11月11日，宝天智控特种智能无人

发放创业补贴

机项目以成都赛区唯一晋级全国总决赛的资格参加“2016阳澄湖黑马大赛”全国总决赛，在总决赛中又以精彩演绎和上下半场的激烈角逐，从全国精选的上百个项目中脱颖而出，夺得全国总决赛冠军，并获得知名投资机构——蚂蚁集团的投资邀约函。

【劳动监察与关系调解】 2016年，绵阳经开区立足机制建设、基础管理、调解处理三个方面，扎实开展劳动监察与关系调解工作。立足提高企事业单位依法用工和群众依法维权的意识，全年组织开展社会保险法、劳动合同法、工伤保险条例等劳动保障政策法规集中宣传活动3次，政务专栏宣传12期，印发宣传资料2万份，接受群众咨询200余人次。坚持监督与预防并举，全年组织开展清理规范劳动市场秩序、劳动合同法执行情况、农民工工资支付情况等专项检查3次，检查各类用人单位70余户，涉及劳动者3500余人，查处违法案件15件，其中未依法参加社会保险6件、未支付劳动者工资9件。加强依法调处力度，全年受理劳动纠纷投诉46件，及时依法调处46件，结案46件，结案率100%，有效维护企业与劳动者双方的合法权益。

【农民工工资专项治理】 2016年，绵阳经开区受理企业拖欠农民工工资投诉170件，其中：建筑领域拖欠农民工工资投诉102件（20人以上群体讨薪案件48件），涉及农民工5000余人、金额7200余元。成功调处168件，调处率98.82%，帮助农民工追讨欠薪6900余万元。依法向公安机关移交晶彩科技、塘汛城市生活污水处理等建设项目欠薪案件2件，涉及农民工310余人、金额260余万元。

（任安斌）

社会福利

【概况】 2016年，绵阳经开区新增民办养老机构床位200张，建设城乡社区日间照料中心4个，为350名60岁以上困难家庭失能老人和80周岁以上老人提供居家养老服务,共拨付经费345.25万元。全区有城市低保户456户652人，累计人均补助269.3元；农村低保198户344人，累计人均补助177.75元；“五保户”41人，集中供养32人，分散供养9人，供养总金额56.5万元，人均每月1150元；分散供养孤儿2人，孤儿695元/人·月基本生活费都及时足额发放到位。全年救助五保老人、“三无”人员、孤儿、流浪乞讨困难群众56人次，发放临时救济金63.6万元。困难群众医疗救助人数96人，总救助金额29.34万元，门诊救助人均521元；住院救助人均3106元，医疗救助政策范围内住院自负费用救助比例达71%。2016年，经开区户籍总人口75791人，其中60周岁以上老年人口6603人、占总人口数的8.7%，80周岁老年人口1511人、占总人口数的1.9%，100岁及以上老年人1人。全区90岁以上老人共计110人，全年发放老龄补贴6.6万元。

【九九佳园颐养苑】 绵阳市九九佳园颐养苑有限责任公司举办，位于经开区塘汛镇桃源村十社，成立于2009年6月，2010年7月开始营运，是老年人老有所养、老有所医、老有所学、老有所乐的养老场所。规划净用地面积3.07公顷，约2.88万平方米，2016年完成二期投资建设，床位600张，管理人员及工作人员共53人，其中持资格证医师1人，护士2人，经民政局及护理院校培训的护理人员30人。2016年年底供养老人300余人、社会老人280余人、五保老人16人。

【优抚安置】 2016年，绵阳经开区有各类优抚对象265人，发放优抚资金220.07万元。退役士兵接收41人，其中自主就业29人，自谋职业9人，安置转业士官3人。完成货币化安置38人，共发放资金123.33万元。发放2014年度和2015年度入伍义务兵优待金128人182.9万元（每人13253元），发放大学生入伍一次性奖励20人共计5.8万元。

【敬老月慰问活动】 2016年，绵阳经开区组织各镇（街道）广泛开展“敬老月”为老年人送温暖慰问活动，各镇（街道）以村（社区）为单位，通过开茶话会、座谈会和领导干部走访等形式慰问辖区孤寡、失能、空巢和90岁以上高龄老人共计271人，发放慰问金4.5万元。（李维）

残疾人事业

【概况】 2016年，全区持有二代证残疾人1258人，其中一级残疾205人、二级残疾235人、三级残疾336人、四级残疾483人。全区有一、二级重度残疾人440名，重度残疾人护理补贴全部按月发放，投入资金33.78余万元。11名符合条件的下肢残疾人按每人每年365元的标准发放机动轮椅车燃油补贴。全区帮助农村贫困残疾人扶贫解困20人，通过提供种畜、种苗、农药、化肥、饲料等物资扶持，信贷需求扶持，农村实用技术培训等帮助发展生产。2016年，全区开展春风送岗位活动，先后组织20余家福利企业在区、镇举办残疾人就业招聘会20余场，提供就业岗位2000余个，对全区4名残疾人进行职业技能培训，实现单位就业1人，完成城乡残疾人居家灵活就业239人，完成居家灵活就业直补38人。

【残疾人民生工程】 2016年，为贫困残疾人适配亟须的基本辅助器具12人，救助贫困家庭脑瘫儿童2人，居家托养智力、精神和重度残疾人39人。

【残疾人社会保障】 2016年，全区残疾人最低生活保障308人，特困人员供养4人，医疗救助32人，教育、住房、就业和其他临时救助11人，困难残疾人生活补助9人，享受托养服务40人，职工社会医疗保险111人，购买城乡居民养老保险1357人，城镇居民（新农合医疗保险）1704人。

【残疾人康复】 2016年，全区完成白内障复明手术13例，其中实施贫困白内障患者免费复明手术10例。救助精神病患者住院40人，服药救助54人次，关爱40人次。肢体残疾人装配假肢2例。脑瘫儿童康复训练2例。 （李璐）

镇·街道

Town and Street

塘汛镇

【概况】　据《直隶绵州志》记载，塘汛为清军在绵州的驻防地，并在此设驿关卡。也是绵州城南通往潼川府和川南重要官道，至今已有数百年的历史。据《六部成语·兵部》记载，汛为清代兵制，比汛小为塘，塘汛也因而得名。2005年以前归属涪城区，2005年归属绵阳经济技术开发区。

塘汛镇位于经开区中心区域，距绵阳主城区5千米，面积25平方千米，镇政府驻塘汛街192号。塘汛镇是绵阳市文明城镇。全镇辖7个行政村（洪恩村、三河村、群丰村、红五村、金广村、友谊村、桃园村），64个村民小组；4个社区居委会（中心社区、三元社区、涪沿社区、中街社区），29个居民小组。2016年年底，全镇有12567户，户籍人口29948人，总人口数比上年增加259人，增长率8.72‰。人口出生率13.72‰，人口自然增长率为8‰，人口密度1198人/平方千米。

2016年，全镇实现工业总产值39.3亿元；全年税收完成4.15亿元；新增固定资产投资27.7亿元,同比增长40%。2016年，塘汛镇被绵阳市人民政府办公室评为“2015年度全市秸秆禁烧和综合利用工作先进单位”；被中共绵阳经济技术开发区工作委员会评为“先进基层党组织”；被绵阳经济技术开发区管委会评为“2015年度经开区文明城市建设工作先进集体”。　（喻珊珊）

【农业】　2016年，塘汛镇农村经济总收入28836万元；村级集体经济总收入1282.8万元，同比增长20%；农民人均纯收入13617元，同比增长5%。粮食总产量1223.8吨，蔬菜产量2855吨。全年出栏生猪1889头、牛126头、羊29只、家禽39268羽。全年组织清淘农灌主沟（排洪沟）2200米，农业耕地地方保护补贴1436户，补贴总面积179公顷，兑付补贴资金34万元；兑现农机补贴4户5台，补贴资金3.09万元；退耕还林补贴4个组150户，补贴总面积17.78公顷，补贴资金2.94万元。对红五村、金广村1471户、187.57公顷土地进行土地确权。　（周瑜）

【工业】　2016年，塘汛镇实现工业总产值39.3亿元；税收完成4.15亿元，其中国税1.52亿元、地税2.63亿元；新增固定资产投资27.7亿元，同比增长40%。辖区重要的工业企业有美丰科技、利尔化学、旭虹光电、禾大西普、日普精化、长虹电源等。2016年，全镇辖区有注册企业452家，其中工业企业52家、规模以上工业企业25家（其中上市企业3家）、高新技术企业38家。2016年进出口总额1.12亿美元，比2015年增长22.26%；其中进口463万美元，主要产品为化工原料；出口1.08亿美元，主要为化工产品。　（赵红）

【重点项目进场】　2016年，塘汛镇完成农户拆迁356户，拆迁人数665人，企业集体公房拆迁24家，整理土地73公顷。同时，完成拆迁方案26个，编制国有土地报征方案12个，为产业布局、拆迁安置提供有力依据。确保塘汛东路、F6东段道路、F17北段道路、F20道路、F19道路、三江闸坝公共绿地广场6个重大基础设施建设项目，利尔化学三期、禾大西普、钲泰环保、富乐源紧固件、高兴置业、川智科技等6个产业项目进场。（周勇）

【基础设施建设】 2016年，塘汛镇完成三元社区七组管网、道路基础、提升站管网、F20雨污水管网建设。新安装小区路灯916盏；更换井盖300个，清淘雨、污井350个；完成洪恩村、群丰村居民点健身广场建设。（邓勇）

【民生工程】 2016年，塘汛镇为统规联建拆迁户安装自来水212户，安装天然气345户。完成红星北区157套、城南壹号跃进电梯208套统建房分购工作，272户489名拆迁群众陆续入住。及时发放883户1532人未分购户的统建房过渡费。核实自建房基础回填费12户，配发面砖30户计2700平方米4500箱。配合完成经开区首个老旧小区（兴塘小区）改造工程。协调解决10户南区花园统建房住户房屋维修与物管等问题。（周勇）

【民政社保】 2016年，塘汛镇建成日间照料中心2处（分别位于中心社区、友谊村），新建妇女儿童之家1处。全年发放城乡低保和优抚资金168万元，为537人购买医疗保险6.44万元；解决大病医疗救助67人，补助资金30万元；春节慰问420余人；临时救助困难群众34户，救助金额2.3万元。为1391人（累计3509人）办理城乡居民养老保险参保手续，全年新农合参保18695人，参保率99.5%。2016年城乡低保500人、农村五保5人、城市“三无”人员9人、重点优抚对象122人。全年为620位残疾人建立个性化服务档案，制定详细的服务方案，为15位残疾人提供居家就业补助9000元；免费为160名眼病患者进行检查，免费为10名白内障患者提供手术。全年帮扶困难职工27人，帮扶资金1.41万元；“金秋助学”资助28名贫困家庭大中小学生2.25万元助学资金。（何宪章）

【城镇就业】 2016年，全镇完成就业登记405人，失业登记226人，实现下岗失业人员再就业411人，就业困难人员再就业40人，城镇登记失业率控制在3.95%以内。全年举办就业创业培训班8期，完成就业培训400人，其中16~35岁青年劳动者140人，配合开展“春风送岗位”大型招聘会，提供岗位3000余个。（周瑜）

【文化体育设施建设】 2016年，全镇有中学、小学各1个，幼儿园11所。2016年秋季中学在校生19个班689人，小学在校生37个班2178人，幼儿入园69个班1951人。全镇免费开放农村（社区）书屋11个、综合文化站1个，共有藏书2.1万余册，其中文化站2500余册。全年镇综合文化站和农村书屋阅读人数达到8000人次。全镇有体育场11个，村（社区）健康活动场所15处。建成洪恩、友谊居民点、桃园居民点健身路径3条，完善友谊村1、2、6组健身设施3处，修建居民体育健身广场2处。全镇共有业余文艺志愿服务队10支，业余文体志愿服务人员200余人，全年开展文体志愿服务活动100余场次。（何宪章）

【城乡环境综合治理】 2016年，塘汛镇清运各类垃圾及杂物约12000余吨，清理场镇“牛皮癣”广告3300余处，清除卫生死角80余处，拆除私挂横幅标语70余幅，规范查处乱摆摊点、占道经营70余处，全年集中开展规范市容秩序联合执法行动7次，出动联合执法人员150余人次。整治违法建设，全年拆除整改108宗、7355平方米。采用秸秆过腐还田、堆肥腐蚀、秸秆粉碎还田等方式，推行秸秆全面禁烧，禁烧面积352公顷，清运秸秆405吨，秸秆综合利用率95%。2016年2月，被绵阳市人民政府评为2015年度秸秆禁烧和综合利用工作先进单位。（杨孝喜）

【依法治镇】 2016年，塘汛镇深入开展“依法治镇”宣传活动，办理群众信访79件，排查处理不稳定事件17件，接待群众政策法律咨询61件次。社区矫正人员共27人，已解教8人。被绵阳市委、绵阳市人民政府评为“绵阳市2011—2015年法治宣传教育先进乡镇”。（刘兴才）

【安全生产】 2016年，塘汛镇与镇机关各部门、村（社区）、企（事）业单位签订80余份安全生产目标责任书。在重大节假日时段对辖区内重点领域进行检查，并不定期抽检。在6月“安全生产月”组织村(社区）及镇政府工作人员学习新安全法，组织200余人参加新安全法知识竞赛；利用横幅标语、宣传专栏等形式，对群众进行安全教育宣传咨询活动，发放各类安全知识宣传资料2000余份。11月9日，镇党委主要领导牵头，组织镇机关各部门、各村（社区）、辖区企事业单位负责人等200余人，召开“塘汛镇安全生产工作暨消防知识培训会议”，邀请消防大队进行消防知识培训及演练。深入宣传教育，增强宣传力度，营造安全氛围，做到安全工作人人有责、人人参与，使安全知识家喻户晓、深入人心。（赵红）

【福泽源小区党支部成立】 2016年1月，经塘汛镇党委批准，福泽源小区党支部成立，同年8月挂牌。支部有中共正式党员8人。福泽源小区位于塘汛镇塘汛街206号，2016年有住户1016户、2310人，其中户籍人口935人、419户。小区党支部从抓党员思想政治建设入手，抓班子、强队伍，不断提高党支部战斗力和凝聚力。充分发挥基层党组织推动发展、服务群众、凝聚人心、促进和谐的作用，为小区建设和各项工作顺利运行提供坚强的组织保证。（李林玲）

【社区戒毒康复中心建成】 2016年4月，塘汛镇社区戒毒康复中心挂牌成立，覆盖塘汛镇和城南街道。社区戒毒康复中心位于塘汛镇卫生院，办公面积约60平方米，设有办公室、心理咨询室和检查治疗室，办公设备设施用品配备齐全，各项规章制度标牌上墙，室外设有2块宣传栏。社区

戒毒康复中心有专兼职人员4名，其中专职工作人员1名、医务人员3名。（刘兴才）

福泽源小区党支部成立

【中共塘汛镇第七次代表大会】 2016年6月17日~18日，塘汛镇党委组织召开第七次党员代表大会，全镇121名党代表参加会议。区党工委委员、纪工委书记张治冬到会指导。会议听取并审议何铭代表第六届镇党委所作《党委工作报告》，梁会代表第六届纪律检查委员会所作《纪委工作报告》，审查《党费收缴使用情况报告》，选举产生中共绵阳经开区塘汛镇第七届委员会和纪律检查委员会。

社区戒毒康复中心建成

【区镇两级人大换届选举】 2016年6~7月，塘汛镇多次召开人大代表选举工作专题会议，积极组织相关工作人员认真学习《宪法》《选举法》《地方组织法》《代表法》等相关法律法规，历时一个月圆满完成区镇两级人大代表换届选举工作。大会选举产生涪城区六届人大代表10名，选举产生塘汛镇七届人大代表56名。（喻珊珊）

中共塘汛镇第七次代表大会

【塘汛镇第七届人民代表大会第一次会议】 2016年8月18日~19日，塘汛镇召开第七届人民代表大会第一次会议。全镇正式代表、列席人员80余人参加会议。区党工委委员、纪工委书记张治冬到会指导。会议听取并审议赵军代表镇六届人民政府所作《政府工作报告》，杨弟国受镇六届人大主席团委托所作的《人大工作报告》，听取《塘汛镇人民政府关于镇六届人大七次会议代表所提建议、批评和意见办理情况的报告》，选举产生塘汛镇第七届人民代表大会主席团和塘汛镇第七届人民政府镇长、副镇长。 (叶欢欢)

【塘汛北街西三段道路工程通过竣工验收】 2016年1月，塘汛北街西三段道路工程通过竣工验收。该项目属区级民生工程，总投资1150万元，2014年12月10日开工。道路总长595米、宽30米，建成投入使用后有效解决三元社区居民出行难及附近自建居民点排雨排污问题，有力提升群众居住环境。

【经开区首个老旧小区改造工程】 2016年5月5日，塘汛镇完成兴塘小区改造工程竣工验收。该项目重点是对兴塘小区基础设施进行整治修建。区住建局、塘汛镇、经开置业公司等部门相互配合，通过硬化小区内外道路、规范停车位、重建污水管网和排水系统、改造供水供电及通信设施、修建健身设施、绿化亮化等工作，全面完善该老旧小区的基础设施配套工程，有效提升小区群众的生活质量。 (邓勇)

【塘汛东路项目平场交地】 2016年6月23日，塘汛镇塘汛东路项目平场交地开工建设。该段道路长320米，用地约2.67公顷，涉及塘汛镇涪沿社区3组居民40余户，是经开区重点基础设施建设项目，建成后将进一步完善经开区城镇交通体系，缓解塘汛镇交通压力。

【F17北段项目平场交地】 2016年11月4日，塘汛镇F17道路北段项目平场交地开工建设。该段道路项目南面连接F7道路，北面连接塘汛东路，全长420米，用地2公顷，涉及塘汛镇洪恩村3、4、6组，是经开区重点基础设施建设项目。建成后将进一步完善经开区城镇交通体系，带动沿线产业项目建设。 (周勇)

【F20道路雨污管网建设项目完工】

2016年11月29日，塘汛镇F20道路雨、污管网建设项目完工。该项目是绵阳市重点基础设施工程之一，长1883米，用地7.62公顷，涉及洪恩村、中心社区共9个社（组），建成后有效完善绵阳市区和经开区范围城镇排污、排洪管网系统，解决企业、居民点排污排水问题。 (邓勇)

【第二届幼儿教师基本功大赛】 2016年11月9日，塘汛镇在兴力达幼儿园举办第二届幼儿教师基本功大赛。全镇11个幼儿园的园长和教师参加活动。通过讲故事、情景画、手工制作等全面考核和检验辖区幼儿教师的基本素质和教学水平。参赛教师发挥所长、沉着应对，以认真的态度和扎实的功底展示自身的良好业务素养。一等奖由未来星塘汛幼儿园、兴力达幼儿园和圣菲实验幼儿园的4名老师获得。

【市道德模范吴兰芳获颁奖】 2016年3月22日，《道德的力量·绵阳篇》暨2015年度感动绵阳十大人物、十大最美绵阳人、十佳志愿者、绵阳市第四届道德模范颁奖典礼在绵阳市广播电视台一楼演播大厅举行，孝老爱亲模范吴兰芳获绵阳市委书记彭宇行接见并颁发证书。吴兰芳，女，1963年生，塘汛镇桃园村人，十余年来，她挑起全家生活重担，无怨无悔、精心照料瘫痪在床的公公、多病的婆婆和患有精神病的丈夫，用行动展示孝老爱亲新风尚，经层层推荐获评。（何宪章）

绵阳市第四届道德模范吴兰芳

松垭镇

【概况】 松垭镇原属绵阳市游仙区辖乡，1941年置松垭乡，1961年改公社，1983年复置乡，1997年撤乡建镇。2001年绵阳农科区成立后与农科区区镇合一运行。2012年原经开区和农科区整合为新的经开区后，成为其下辖镇。松垭镇介于北纬31°36′~31°39′、东经104°828′~104°868′，距绵阳主城区10千米，面积27.56平方千米，镇政府位于松垭镇德政街18号。全镇辖5个社区（白山社区、德政社区、活观音社区、日新社区、鹤翔社区），50个居民小组；4个行政村（庙基子村、宝塔寺村、方山寺村、普照寺村），42个村民小组。2016年底，全镇有8732户，户籍人口22069人，人口自然增长率6.4‰。

2016年，全镇有耕地400.22公顷，其中水田203.4公顷。有林地473.3公顷。有小（二）型水库1座、石河堰3座、各类山坪塘40余处，松垭河辖区全长约7.5千米。粮食总产量2574吨，蔬菜产量4852吨，油料产量599吨，药材产量264.6吨。全年全镇实现工业总产值42.8亿元，比上年增长11.4%；财政总收入9000万元；农村经济总收入24235.96万元，比上年减少4%；村级集体经济总收入2780.79万元，增长27.6%；农民人均收入13434元，增长10.6%；年末金融机构各项存款余额67800万元，增长14.9%；金融机构各项贷款余额21050万元，降低52.27%。

【民生工程】 2016年，松垭镇就业培训370余人次，新增就业192人，城镇失业人员再就业33人；城乡居民养老保险覆盖8298人，城镇居民基本医疗保险参保420人，小额保险参保1619人，新农合年参保率达100%，城乡低保应保尽保；发放各项民政救助、补贴、优抚、城乡低保等补贴216万元，保障困难群众基本生活；建成1个妇女儿童之家、1个日间照料中心、1个戒毒康复中心；完成宝塔寺村、庙基子村5.08千米农村道路的硬化，完成武引向跃斗渠平台清理、鹤翔社区7社灌溉塘堰出水口的维修。

【重点项目推进】 2016年，松垭镇全力做好重点项目用地拆迁，推进二环路、食品工业区二号路、五号路、河堤、笔架山、游仙工业园、润森乾宇、馥玺食品、昌华科技、林腾木业、民天实业11个拆迁项目，全年拆迁农房146户，拆迁企业3家，整理青苗20.67公顷，支付拆迁资金8200万元。加快推进川味多、六合机械2个项目建设，年底川味多完成建设，六合机械完成建设开始生产。

【基础设施建设】 2016年，松垭镇白山小区二期背巷道建设完成；鹤翔小区二期、福馨C区临时道路铺设工作和鹤翔小区二期临时用电架设工作完成；白山、德政、活观音、日新、鹤翔、福馨6个拆迁安置小区安装并点亮路灯1895盏；商业城三期、白山小区三期广场断头路及日新村续建塌陷道路维修工程完工；启动了一号路南段断头路建设、工业园区三号路破损路面维修工作；完成辖区一号路至二环路道路两侧宜绿空地场地平整；松永路全面启动建设；新安装自来水用户290户，新安装燃气504户，改造电力户表50户。

【二环路松垭段完成拆迁】 2016年，绵阳城市二环路项目松垭镇主线红线内拆迁任务全面完成。二环路松垭段全长2.8公里，用地约30公顷，涉及松垭镇3个村、12个社，纳入二环路三期拆迁计划223户，其中主线红线范围内193户，主线红线外受影响的农户30户，企业5户和青苗10.45公顷。

【绵阳大北农竣工投产】 2016年3月30日，绵阳大北农农牧科技有限公司开业庆典在松垭新基地举行。该公司是大北农集团在绵阳投资建设的全资子公司，作为经开区农业科技重大项目，总投资约5000万元，用地2.2公顷，2014年9月开工建设，历时1年多时间建成投产。投产后，企业将新增年产值6亿元，利税约500万元，提供就业岗位200个。

【松永路开工建设】 2016年12月，松垭镇全面启动松永路建设。松永路是经开区松垭镇连接三台县永明镇的交通要道，属县道。该道路起于正兴街止于永明界，全长1000米，宽5米。该项目总投资约200万元，拟于2017年春节建成通车，以改善辖区交通条件，解决周边居民出行难题。

【第七次党员代表大会】 2016年6月16日~17日，中共绵阳经开区松垭镇第七次代表大会召开。全镇107名党代表参加会议，区党工委委员、管委会副主任戴顺贵到会指导。会议听取并审议朱均代表第六届松垭镇党委所作《党委工作报告》，雷光红代表第六届纪律检查委员会所作《纪委工作报告》，审查《党费收缴使用管理报告》，选举产生中共绵阳经开区松垭镇第七届委员会和纪律检查委员会。会议号召全镇认真贯彻党的十八大、十八届五中全会精神和经开区“十三五”发展规划，围绕“四个全面”战略布局，认真践行“五大发展理念”，按照省、市的战略部署，紧紧围绕经开区“稳增长”这个核心，按照“负重自强、二次创业”总要求，努力推进“五个建设”，进一步实现“五个突破”，切实改善经济发展环境、人居环境、生态环境，推动松垭未来五年大发展、大跨越、大变样。

中共绵阳经开区松垭镇第七次代表大会召开

【第七届人民代表大会第一次会议】 2016年8月22日~23日，松垭镇第七届人民代表大会第一次会议召开，区党工委委员、纪工委书记张治冬到会指导。会议听取和审议《政府工作报告》《人大主席团工作报告》。依法选举产生松垭镇第七届人民代表大会主席团和松垭镇人民政府镇长1名、副镇长4名，当选人员向《中华人民共和国宪法》庄严宣誓。大会号召全镇广大干部群众解放思想、开拓创新、扎实工作，让松垭镇人民的生活过得更加幸福，让松垭的明天更加美好，努力建设富裕、文明、和谐新松垭镇。

【白山社区微型消防站建成】 2016年，经开区首个社区微型消防站在松垭镇白山社区建成投入使用。该微型消防站建于白山社区居委会，面积约30平方米，设有器材存放点、值班室，配有消防战斗服3套、水枪5支、65毫米水带4盘、专用无线对讲机2部、干粉灭火器6具、消防撬杠3把。消防站站长由居委会主任担任，消防队伍由社区干部和志愿者组成，采取轮岗备勤，实行24小时值班制度。微型消防站目标是“救早”“灭小”和3分钟到场扑救初期火灾。

白山社区微型消防站一角

【“妇女儿童之家”示范点建成】 2016年9月，松垭镇白山社区“妇女儿童之家”示范点建成并投入使用。“妇女儿童之家”设多功能活动室、健身区、阅读区、游戏区等多个功能区，配备各类书籍、儿童玩具及健身器材，并落实专人管理。2013年以来，松垭镇先后在白山社区、德政社区、活观音社区、庙基子村建成4所“妇女儿童之家”。累计开展学习培训、生活关爱、心理疏导等活动100余次，惠及辖区妇女儿童5000余人次。

【创新网格化管理】 松垭镇网格化工作于2016年7月开始筹备，2016年8月新建7个村（社区）网格工作站，招聘15名村（社区）网格工作人员，并购买配备专用电脑及网格手机，以网格化信息平台为载体，推行规范化的网格化管理服务。网格员通过开展走访、调查，及时掌握社情民意并录入平台，逐步实现让群众信息在一线得到采集，问题在一线得到发现，矛盾在一线得到化解。

妇女儿童之家示范点

【“三心”党组织创建】 2016年7月起，松垭镇党委以“让组织放心、让党员知心、让群众贴心”为要求，在全镇开展“三心”基层党组织创建活动，16个党支部以“好班子、好队伍、好机制”为标准，完成镇党委、纪委和9个村（社区）党组织换届选举工作。以“党员活动有阵地、自我提高有途径、作用发挥有渠道、关爱帮助有保障”为目标，在白山社区和庙基子村建成党员群众服务中心2个。以“亲民、富民、便民、惠民、安民”为目标，进一步深化干部进社区活动，建成日间照料中心1个，党员为群众代办事项3500余件。

【“村村响”广播惠民工程竣工】 2016年12月，松垭镇全面完成广播“村村响”惠民工程，验收合格并投入使用。工程于2015年年底启动建设，投入专项资金27.12万元，采取有线共揽传输为主、无限调频发射为辅的方式，广播信号传输通过绵阳市广电网络公司机房专网进行传输，实现独立播出自已的广播节目、领导讲话、紧急事件播报等功能。该工程设有镇主机1套、村主机9套，在9个村（社区）安装喇叭、建设广播室，广播覆盖率达100%。

庙基子村党员群众服务中心

【农民读书月活动】 2016年1月，松垭镇开展以“新知识、新观念、新发展”为主题的农民读书月活动。活动时长1个月，以镇综合文化站和9个农家（社区）书屋等公共阅读服务场所为主要阵地。活动期间，新增政经类、科技类、文化类、生活类、少儿类等价值近2万元的图书500余册。通过广泛宣传、优化服务，吸引近千人次走进书屋看书读报、学习交流，丰富群众的业余生活。

农民在镇综合文化站读书

【庙基子村日间照料中心建成使用】 2016年10月，松垭镇庙基子村日间照料中心建成投入使用。该中心于2016年7月开始建设，投入30万元，面积200平方米，按照“老有所养、老有所乐”的思路，集日托照料、文化娱乐为一体，中心设棋牌娱乐室、舞蹈室、休息室以及户外运动设施等，是村中老人“托老”中心。

【无偿献血关爱他人活动】 2016年10月18日，松垭镇配合绵阳市中心血站在四川电子机械职业技术学院开展无偿献血活动。活动为期1天，倡导“无偿献血、关爱他人”的公益精神。活动现场，镇工作人员指导现场献血者填表、体检，协助血站工作人员做好献血证发放、照顾献血者等协调配合工作。活动当天，共有233人献血，采集血量70800毫升。

【“庆国庆、迎重阳”文艺演出】 2016年10月5日下午，松垭镇活观音社区举行“庆国庆迎重阳”文艺演出活动。活动由活观音社区党支部、居委会筹备部署，邀请绵阳市港湾歌舞艺术团协办。活动演出男女大合唱《中国梦》、舞蹈《火凤凰》、男声独唱、小品《模仿秀》、川剧绝活《变脸》、大型舞蹈《八百里洞庭我的家》等10多个精彩的节目。吸引社区600多名群众观看，赢得观众阵阵掌声。

【“学雷锋”志愿服务周活动】 2016年3月，松垭镇开展以“关爱自然、美化环境”和“关爱空巢老人”为主题的志愿服务周活动，弘扬“学雷锋”精神。活动由松垭镇志愿服务站、村(社区) 志愿服务站联合组织，集中志愿服务活动为期1周。全镇120余名志愿者参加，志愿者先后到辖区敬老院、空巢老人家中开展慰问，帮干家务；到辖区道路及公共场所清扫卫生、捡拾垃圾，为改善辖区环境、弘扬助老敬老传统美德起到带动作用。

（张娟）

城南街道

【概况】 城南街道于2001年2月22日经市政府批准成立，原塘汛镇跃进村、文武村、板桥村、群文村及原石塘镇南塔村划归管理。位于绵阳城区以南，北靠绵阳市涪城区石塘镇，南接绵阳经开区塘汛镇，介于北纬31.41°~31.47°，东经104.76°~104.82°之间。辖南塔、板桥、群文3个社区，文武、跃进2个村，41个社（组），

松垭镇活观音社区文艺表演

城南街道办事处新办公驻地

地域面积13.87平方千米（陆地面积，不含三江水面）。城南街道党工委、办事处原驻机场东路221号，2016年6月迁至城南壹号B区（三江大道527号-2号）。

所辖区域内43条道路已全部正式公布命名，其中横向道路20条，纵向道路23条，已规划正式命名未修建道路4条。2016年年底，城南街道户籍人口20654人、户数8225户。其中，非农业人口19487人、迁入人口671人、迁出人口152人、人口出生率8‰、人口自然增长率5‰。全年实现工业总产值15.45亿元，社会固定资产投资45.30亿元。

（杨翔凯　邓飞）

【社会固定资产投资】 2016年，城南街道辖区内社会固定资产投资项目计划投资总额114.30亿元，截至2016年年底，累计完成81.86亿元，完成计划总投资的71.62%。2016年，实现社会固定资产投资45.28亿元。其中，技改投资完成4.09亿元，绵阳华晨瑞安汽车零部件有限公司年产600万支凸轮轴一期项目、高压共轨油泵装配式凸轮轴加工关键技术的研究及其产业化项目完成技改投资2.46亿元，绵阳德坤机械有限公司VVT转子技术改造项目完成技改投资5320万元。基础设施及房地产完成投资41.19亿元。南区花园基础设施及统建房A、B区二期项目、市政基础设施道路改建工程项目、创新创业孵化园等基础设施项目完成投资5.55亿元；绵阳经开万达广场投资有限公司万达CBD广场项目完成投资26.63亿元。

（李善学）

【党工委办事处搬迁新址】 城南街道党工委、办事处原驻机场东路221号。经经开区党工委2015年第15次会议审议通过，同意街道党工委、办事处租用城南壹号部分房产作为办公用房。租用房屋位置、面积、装修等方案经区纪工委核准，按照《党政机关办公用房建设标准》（2014年11月版）组织启动相关工程。2016年6月，街道党工委、办事处正式迁址于城南壹号B区（三江大道527号-2号）。搬迁新址后的城南街道共有办公用房1524.39平方米，其中便民服务中心103.54平方米、信访接待大厅84.8平方米。

【项目用地保障】 2016年，城南街道共推进项目10个，累计拆迁农房和补偿青

文武村日间照料中心前打乒乓球的群众

苗附作物 410 户（正房 30 户、企业 1 户)，提供项目用地 46.07 公顷。

其中，中国水电·海赋长兴项目用地 19.20 公顷、涉及 180 户群众，2016 年1月下旬完成供地。2016 年年底，完成用地 20 余公顷的长虹华丰连接器项目拆迁补偿和土方转运工作。同时，完成建设用地 7.60 余公顷，涉及房屋及青苗附着物补偿 156 户的城南新区三江码头、红星 F 地块、板桥九组、群文 A 地块等项目的交地工作。（李向云）

【分购红星小区统建房】 2016 年 1 月 9 日，城南街道在四川文化艺术学院礼堂组织完成红星小区北区统建房抓阄选房，共分配统建房 224 套。抓阄全过程接受公证员、申请人及群众的共同监督，并当场公示选房结果。事前，城南街道办事处及相关村(社区)、社(组）三方对申请统建房的安置户进行资格审查，包括安置人数及安置面积的审核，初步筛选出符合条件的安置户。对初步筛选出符合条件的安置户进行第一榜公示，公示期间有安置户提出异议的，根据本人提出的申请和需求按规定对信息修改并进行第二榜、第三榜公示。一个月公示期满后，最终确定有选房资格的安置户共 224 户。（李向云）

【文武村日间照料中心建成】 2016 年 5 月 4 日，文武村日间照料中心完工验收。共投入 30 余万元，建成康复训练室、医疗保健室等 4 个功能服务室，面积约 200 平方米。中心采购、配备了手指康复训练器、书籍、血压仪、电视机等医疗、休息、娱乐、餐饮设备，配有公益性岗位人员提供专人专职服务。邀请社区医生经常开展老年病诊治服务，引导和组织社区党员、群众和志愿者开展志愿服务活动。同时，依托老年协会，组织开展管理能力培训，提高老人自我管理、自我组织活动能力。以医疗保健、文化服务、培训服务为载体，为老年人提供理疗康复、歌舞培训、专题讲座、技能培训等服务，并将餐饮、午休纳入照料中心服务功能，满足养老多样化需求。（邓飞）

【南区花园社区微型消防站建成】 2016 年 8 月 19 日，城南街道投入资金 3.6 万余元的南区花园微型消防站建成投入使用。该微型消防站配有消防巡逻专用电瓶车，水枪、强光照明灯、ABC 型干粉灭火器等灭火器材，消防斧、铁铤等破拆器材，以及消防头盔、灭火防护服等个人防护装备。微型消防站的建成，可有效提升南区花园片区消防安全隐患发现及整治效率，缩短初起火灾扑灭响应时间。（刘中学）

【经开区首期电子商务培训在城南街道开班】 2016 年 9 月 12 日，经开区首期

"大众创业·万众创新"电子商务职业能力专业培训在板桥社区开班。街道参训人员40人，主要为待业人员。培训由绵阳微波职业教育学校承办，主要包括计算机基础及应用、电子商务基础、电子商务创新创业等公共课程培训，以及网页制作专项、网络营销、物流信息管理模块、网络采购模块等专项技能培训两大部分，培训时间不低于160学时。

（侯森元）

【经开区首个村（社区）妇代会改建妇联组织成立】 2016年，按照市妇联统一安排，通过前期宣传动员、代表资格审核、候选人提名酝酿等工作，9月29日，城南街道文武村召开妇女代表大会，选举文武村妇女联合会第一届执行委员会。大会选举产生文武村妇女联合会第一届执行委员会组成人员3名，其中主席1名、委员2名。大会召开，标志着文武村妇代会改建妇联工作圆满完成，经开区首个村（社区）妇联组织正式成立。村妇代会改建为妇联组织可进一步增强妇女组织的凝聚力、号召力和影响力。

（任雨）

【"法润天府·法治文艺进万家"文艺巡演】 2016年10月12日下午，经开区"法润天府·法治文艺进万家"文艺巡演在城南街道南区花园文化广场举行，吸引近400名群众到场观看。来自经开区6所学校、2镇1办机关、3个村（社区）的87名参演人员，以腰鼓表演、快板、诗朗诵、小品等形式，为现场观众表演11个节目。小品《包公审现代案》、诗朗诵《法律·我们不能失去你》、快板《人人都来学法律》等节目将法治思想融入绘声绘色的表演，以喜闻乐见的形式增强辖区群众的法治观念和法律意识。

（邓飞）

经开区首期电子商务培训班

【"迎新春·庆元旦"文化活动】 2016年12月29日，城南街道在南区花园文化广场举办2017年"迎新春·庆元旦"文艺会

2017年"迎新春·庆元旦"文艺会演现场

三江大坝泄洪

统计资料

Statistical Information

2016年绵阳经济技术开发区综合发展水平年度报表（商务平台）

表21

指标名称	计量单位	代码	2016年实际值	备注	2015年实际值	同比
地区生产总值	万元	1	2112239	—	1937834	9.00%
其中：第二产业	万元	2	1601077	—	1481280	8.09%
其中：工业	万元	3	1532738	—	1404893	9.10%
其中：高新技术企业	万元	4	804477	2016年高新技术企业增加13家	505897	59.02%
第三产业	万元	5	496376	—	449965	10.31%
工业总产值	万元	6	6586288	—	5982097	10.10%
其中：规模以上工业企业	万元	7	6418348	—	5822687	10.23%
外商及港澳台商投资企业	万元	8	251754	—	233755	7.70%
高新技术企业	万元	9	3790935	2016年高新技术企业增加13家	2099880	80.53%
“四上”企业主营业务收入	万元	10	7113894	—	6538768	8.80%
其中：规模以上工业企业	万元	11	5623179	—	5121292	9.80%
有资质的建筑业企业	万元	12	195784	—	188981	3.60%
限额以上批零住餐企业	万元	13	647927	—	618251	4.80%
房地产开发经营业企业	万元	14	325453	—	301653	7.89%
规模以上服务业企业	万元	15	321551	—	308590	4.20%
其中：外商及港澳台商投资企业	万元	16	242440	—	231557	4.70%
高新技术企业	万元	17	3155565	2016年高新技术企业增加13家	2039504	54.72%
“四上”企业利润总额	万元	18	573349	—	541087	5.96%
其中：规模以上工业企业	万元	19	443202	—	415372	6.70%

续表 21

指标名称	计量单位	代码	2016 年实际值	备注	2015 年实际值	同比
有资质的建筑业企业	万元	20	68194	—	66362	2.76%
限额以上批零住餐企业	万元	21	26314	—	25087	4.89%
房地产开发经营业企业	万元	22	14950	—	14391	3.88%
规模以上服务业企业	万元	23	20689	—	19874	4.10%
其中：外商及港澳台商投资企业	万元	24	54572	—	52864	3.23%
高新技术企业	万元	25	481868	—	402227	19.80%
财政收入	万元	26	211437	—	195956	7.90%
其中：公共财政预算收入	万元	27	45271	—	39747	13.90%
税收收入	万元	28	150948	—	141602	6.60%
其中：外商及港澳台商投资企业	万元	29	4609	—	4419	4.30%
政府性负债总额	万元	30	134466	—	125968	6.75%
其中：短期负债额	万元	31	35439	—	32723	8.30%
中长期负债额	万元	32	99026	—	93245	6.20%
当年固定资产投资（不含农户）	万元	33	947541	—	858280	10.40%
其中：基础设施投资	万元	34	303213	—	278598	8.84%
出口总额	万元	35	245391	—	238707	2.80%
其中：高新技术产品	万元	36	154362	—	149575	3.20%
进口总额	万元	37	132277	—	134701	−1.80%
其中：高新技术产品	万元	38	75084	—	75310	−0.30%
新增外商及港澳台商投资企业数	个	39	2	—	2	0.00%
合同外资金额	万美元	40	6865	2015 年综评时，合同外资金额经省厅纠正为 6805 万美元	20977	67.27%

续表 21

指标名称	计量单位	代码	2016 年实际值	备注	2015 年实际值	同比
实际利用外资金额	万美元	41	10710	—	12034	11.00%
历年累计合同利用外资金额	万美元	42		—	—	—
期末实有内资企业注册资本	万元	43	4017529	—	3795134	5.86%
其中：新增内资企业注册资本	万元	44	281472	—	270127	4.20%
期末实有企业数	个	45	2396	2015 年综评时，已核实期末企业实际数为 1971 家	905	164.75%
其中：高新技术企业	个	46	27	2016 年高新技术企业增加 13 家	14	92.86%
外商及港澳台商投资企业	个	47	11	—	11	0.00%
“四上”企业	个	48	162	—	138	17.39%
规模以上工业企业	个	49	96	—	91	5.49%
有资质的建筑业企业	个	50	10	—	8	25.00%
限额以上批零住餐企业	个	51	28	—	25	12.00%
房地产开发经营企业	个	52	10	—	5	100.00%
规模以上服务业企业	个	53	18	—	9	100.00%
其中：外商及港澳台商投资企业	个	54	11	—	11	0.00%
年末全区从业人员	人	55	71650	—	64618	10.88%
安全生产事故死亡人数	人	56	2	—	1	100.00%
社会保险参保企业数	个	57	2396	2015 年综评时，已核实期末企业实际数为 1971 家	905	164.75%
其中：外商及港澳台商投资企业	个	58	11	—	11	0.00%
期末土地面积	平方公里	59	70	—	70	0.00%

续表 21

指标名称	计量单位	代码	2016 年实际值	备注	2015 年实际值	同比
其中：国务院批准的四至范围（核心区）面积	平方公里	60	10.47	—	10.47	0.00%
上级人民政府委托代管的示范辐射带动区域（示范辐射区）面积	平方公里	61	19.13	—	19.13	0.00%
期末已开发用地面积	平方公里	62	11.5	—	10.08	14.09%
全区能耗总量	吨标煤	63	493654	—	486839	1.40%
其中：规模以上工业企业	吨标煤	64	487770	—	480089	1.60%
全区取新鲜水总量	立方米	65	6252348	—	6082051	2.80%
其中：规模以上工业企业	立方米	66	5827649	—	5641481	3.30%
废水年产生总量	吨	67	6891919	—	7149293	−3.60%
固废年产生总量	吨	68	2089	—	2241	−6.78%

备注：2016 年，商务部对全国 219 个国家级经济技术开发区 2015 年情况进行了综合发展水平考核评价，综评指标设及产业基础、科技创新、区域带动、生态环保、行政效能 5 个方面、53 次指标。此次综评，绵阳经济技术开发区位列全国国家级经济技术开发区 116 位。

2016 年绵阳经开区固定资产投资统计表

表 22

指标名称	计量单位	2016 年	增减（±%）
固定资产投资	—	—	—
全社会固定资产投资总额	万元	941944	10.4
其中：民间投资	万元	858727	2.0
工业投资	万元	438876	6.8
技改投资	万元	429619	5.4
房地产投资	万元	374409	6.9

续表 22

指标名称	计量单位	2016 年	增减±%
本年新增固定资产	万元	664370	86.5
商品房销售面积	万平方米	24.41	8.9
其中：住宅	万平方米	22.27	11.0
商品房销售额	万元	116772	14.3
其中：住宅	万元	100691	23.2

2016 年商贸服务业企业名录

表 23

序号	公司名称	主营业务	备　注
1	绵阳景鸿汽车销售服务有限公司	汽车销售	限上商贸企业
2	绵阳汇平汽车销售服务有限公司		
3	绵阳广鸿汽车销售服务有限公司		
4	绵阳申绵商贸有限公司		
5	绵阳美威行汽车服务有限公司		
6	绵阳港宏斯巴鲁汽车销售服务有限公司		
7	绵阳世邦汽车销售有限公司		
8	绵阳新悦成贸易有限公司		
9	四川昊阳药业股份有限公司	药品批发	
10	绵阳九州通医药有限公司		
11	绵阳四汇药业有限公司		
12	绵阳丰孚汽车销售服务有限公司	汽车销售	
13	绵阳万鸿汽车销售服务有限公司		
14	绵阳宝仁汽车销售服务有限公司		
15	绵阳市京美汽车维修服务有限公司		
16	绵阳星鸿达汽车销售服务有限公司		

续表 23

序号	公司名称	主营业务	备　注
17	绵阳灵通立志汽车销售服务有限公司	汽车销售	限上商贸企业
18	绵阳吉龙汽车销售有限公司		
19	绵阳大兴达汽车服务有限公司		
20	成都万友翔宇汽车销售服务有限公司绵阳分公司		
21	四川国华强劲汽车销售服务有限公司		
22	四川富临实业集团有限公司桃花岛酒店	住宿服务	
23	绵阳市全兴种业有限公司	种子培育	
24	四川铁骑力士牧业科技有限公司	生猪饲养	
25	四川绿点农业发展有限公司	花卉草木培育	
26	四川电子机械职业技术学院	高等教育	规上服务业企业
27	绵阳机场（集团）有限公司	机场运营	
28	绵阳市南鑫二手车交易市场有限公司	二手车市场的开办和经营管理	
29	绵阳空港出租车有限公司	出租车客运	
30	绵阳市双安保安服务有限公司	门卫、巡逻、守护、安全检查	
31	绵阳市安洲驾校	一级普通机动车驾驶员培训	
32	四川富临运业集团股份有限公司	客运服务	
33	绵阳卓龙市场经营管理有限公司	经营二手车交易市场	
34	绵阳民悦物业服务有限公司	物业管理服务	
35	四川王迪汽车文化传播有限公司	汽车展览服务	
36	四川长虹通信科技有限公司	通信设备制造、销售和维修	
37	四川长虹教育科技有限公司	计算机软硬件研发	
38	绵阳市远润物流有限责任公司	普通货运	
39	绵阳市绵州机动车驾驶培训有限公司	一级普通机动车驾驶员培训	
40	四川小康时代互联网信息服务有限公司	互联网信息服务	
41	四川君仁物流有限公司	普通货运	
42	四川孟林能源投资开发有限公司	天然气零售	

2016 年规模以上工业企业名录

表 24

序号	公司名称	主营业务
1	禾大西普化学（四川）有限公司	芥酸
2	华润雪花啤酒（绵阳）有限责任公司	啤酒制造
3	利尔化学股份有限公司	化学农药制造
4	绵阳艾萨斯电子材料有限公司	其他电子设备制造
5	绵阳安普电器公司	电器制造
6	绵阳柏瑞电子有限公司	服装生产及销售
7	绵阳春蓉食品有限公司	汽车零部件
8	绵阳大北农农牧科技有限公司	齿轮加工制造
9	绵阳德坤机械有限公司	电子器件
10	绵阳富邦电控设备有限公司	电工仪器仪表制造
11	绵阳富临精工机械股份有限公司	汽车发动机液压挺柱
12	绵阳港华燃气有限公司	天然气
13	绵阳海立电器有限公司	空调压缩机
14	绵阳禾本生物工程有限公司	酶制剂
15	绵阳合源电力设备有限责任公司	高压开关柜
16	绵阳宏益塑料制品有限责任公司	印刷品广告设计制作发布
17	绵阳华晨瑞安汽车零部件有限公司	汽车零部件制造
18	绵阳建设商品混凝土有限公司	混凝土生产
19	绵阳金鑫铜业有限公司	铜米、铜杆加工
20	绵阳金宇实业有限公司	面粉
21	绵阳兰天纸业有限公司	绝缘材料
22	绵阳六合机械制造有限公司	汽车挺住体
23	绵阳三江美亚水电有限公司	水利发电
24	绵阳市晨龙混凝土有限公司	构件
25	绵阳市晨龙建材有限公司	金属表面处理

续表 24

序号	公司名称	主营业务
26	绵阳市东方丝绸有限公司	白厂丝
27	绵阳市丰谷酒业有限公司	白酒生产
28	绵阳市丰谷制丝有限公司	茧丝副产品，绢纺原料及其制成品
29	绵阳市涪泉乳业有限公司	金属结构制造
30	绵阳市恒信磁性材料有限公司	电工器材制造
31	绵阳市华阳实业有限责任公司	新型复合材料，电子零部件产品研发
32	绵阳市金华洋电器制造有限公司	电子器件
33	绵阳市金润纸业公司	非食用植物油加工
34	绵阳市锦顺建材有限公司	分子蒸馏 废旧润滑油回收套装加工
35	绵阳市京基实业有限公司	商品混凝土
36	绵阳市凌峰机械制造有限责任公司	兽药
37	绵阳市葡露实业有限公司	方便面
38	绵阳市天旋气门组件有限责任公司	汽车配件
39	绵阳市维奇电子技术有限公司	电子元件制造
40	绵阳市鑫科源环保科技有限公司	其他电子设备制造
41	绵阳市鑫庆食品有限责任公司	预包装食品兼散装食品批发兼零售，禽畜类、水产品销售
42	绵阳市鑫宇铸造有限公司	机械产品的铸造加工
43	绵阳市永庆机械有限公司	汽车零配件的生产、加工、销售
44	绵阳市宇特商品混凝土有限公司	混凝土生产
45	绵阳市远达新材料有限公司	化工产品
46	绵阳市长兴商品混凝土有限公司	混凝土生产
47	绵阳市正阳科技有限公司	泡沫塑料制造
48	绵阳市正阳新材料有限公司	塑料包装箱及容器制造
49	绵阳双胞胎饲料有限公司	饲料的生产、销售
50	绵阳泰源电子有限责任公司	汽车零部件及配件制造
51	绵阳天听纸业有限公司	电子器件

续表 24

序号	公司名称	主营业务
52	绵阳万瑞尔汽车零部件有限公司	可变气门正时系统
53	绵阳西金科技发展有限公司	设备制造
54	绵阳祥亨建材有限责任公司	丝绸加工
55	绵阳野马动力总成有限公司	LED 照明的技术研究、产品开发、生产制造、市场营销
56	绵阳钲强实业有限公司	实验室家具及设备仪器
57	四川伴农动保生物技术有限公司	动物药品、保健品的研发、生产
58	四川东材科技有限公司	绝缘材料
59	四川国豪种业有限公司	农副产品加工
60	四川汉鑫软木制品有限责任公司	软木地板
61	四川湟恩动物药业有限公司	兽药
62	四川金达诺科技有限公司	LED 两面翻显示屏、电子产品
63	四川九州数视通有限责任公司	应用电视设备及其他广播电视设备制造
64	四川泷海洋制药有限公司	兽药生产
65	四川美丰化工科技有限责任公司	尿素
66	四川美丰梅塞尔气体产品有限公司	气体
67	四川绵科电子科技有限公司	电子元件（网络变压器）
68	四川绵阳好圣汽车零部件制造有限公司	汽车零部件制造
69	四川绵阳宏江实业有限公司	铁、铝、铜制品的铸造
70	四川绵阳黄河电子电器有限公司	电子元器件生产销售加工
71	四川绵阳三力股份有限公司	机械电子及汽车零部件
72	四川绵阳重业齿轮有限责任公司	机械加工制造
73	四川农大高科有限责任公司	农副产品加工
74	四川日普精化有限公司	芥酸酰胺
75	四川瑞可达连接系统有限公司	光电连接器
76	四川上汉电器有限公司	智能电力电源柜及电力控制系统
77	四川省川正公路工程有限公司	预应力工程

续表 24

序号	公司名称	主营业务
78	四川省绵阳晞臣食品有限公司	食品、食用植物油、调味品
79	四川省烟草工业有限责任公司绵阳	烟草生产和销售
80	四川蜀旺新能源股份有限公司	太阳能
81	四川双马绵阳新材料有限公司	建筑材料
82	四川天红牧业有限责任公司	饲料加工
83	四川同路农业科技有限责任公司	作物种子研究、生产、销售
84	四川同舟化工科技有限公司	建筑用混凝土外加剂
85	四川旭虹光电科技有限公司	PDP 玻璃基板
86	四川雪宝乳业有限公司	加工乳及乳制品
87	四川英才教学设备有限公司	教学设备、理化生科实验室成套设备及仪器
88	四川长和科技有限公司	特种橡胶
89	四川长虹电器股份有限公司	家用电器、汽车电器、电子产品及零配件
90	四川长虹电源有限公司	生产电源系统、聚合物锂离子蓄电池、氢镍蓄电池、铁镍蓄电池、银锌蓄电池、烧结镉镍蓄电池，袋式镍镉蓄电池等系列产品。
91	四川长虹电子系统有限公司	家电产品、电器、LED 显示产品、商用大屏幕显示产品、数字监控产品、车载电器产品、税控机、LED 灯饰、电子产品系统集成、电子产品及零配件
92	四川长虹光电有限公司	液晶模组、工程类液晶模组的规划、研发、生产、采购、配套、质量控制以及液晶模组的对外销售
93	四川长虹技佳精工有限公司	集钣金冲压产品、精密钣金模具、铝合金压铸产品、表面装饰电镀产品
94	四川长虹精密电子科技有限公司	电子电器、通讯产品、汽车电子、医疗电子、安全技术防范产品及零部件"
95	梯爱司表面处理技术（绵阳）有限公司	承接零部件表面处理，热处理表面工程加工，磨擦零部件加工、制造
96	中视迪威激光显示技术有限公司	激光工程投影仪、激光电影放映机

佳昊生态园

附 录

Elenchus

绵阳经开区 2016 年度发文一览表

（绵经开委发）

表 25

发文序号	文件名称	印发日期
1 号	关于李何等同志职务任免的通知	2016-1-29
2 号	关于印发《区党工委管委会 2015 年工作总结》的通知	2016-3-8
3 号	关于表扬 2015 年度经济发展突出贡献企业的通报	2016-3-30
4 号	关于同意何仕良等 4 位同志任职的批复	2016-3-31
5 号	关于印发《中共绵阳经济技术开发区工作委员会议事决策规则》和《绵阳经济技术开发区管理委员会议事规则》的通知	2016-4-7
6 号	关于赵昌国同志职务任免的通知	2016-4-11
8 号	关于下达“项目年”工业项目建设目标任务的通知	2016-4-20
9 号	关于印发《中共绵阳经济技术开发区工作委员会、绵阳经济技术开发区管理委员会 2016 年工作要点》的通知	2016-4-12
10 号	关于松垭镇召开党代会的批复	2016-5-3
11 号	关于塘汛镇召开党代会的批复	2016-5-3
12 号	关于表扬 2015 年度文明城市建设先进集体和个人的通报	2016-5-4
13 号	关于邹敏等同志职务任免的通知	2016-5-23
15 号	关于朱均等同志职级晋升的通知	2016-5-27
16 号	关于邓勇同志职务任免的通知	2016-5-27
17 号	关于松垭镇第七次党代会代表人选的批复	2016-6-6
18 号	关于塘汛镇第七次党代会代表人选的批复	2016-6-6
19 号	关于塘汛镇党委、纪委换届候选人预备人选的通知	2016-6-7
20 号	关于松垭镇党委、纪委换届候选人预备人选的通知	2016-6-7
21 号	关于表扬先进基层党组织、优秀基层党组织书记、优秀共产党员和优秀党务工作者的通报	2016-6-27
22 号	关于命名经开区共产党员示范岗、示范团队、示范单位的通知	2016-6-27

续表 25

发文序号	文件名称	印发日期
23 号	关于塘汛镇第七次党代会选举结果的批复	2016-6-27
24 号	关于松垭镇第七次党代会选举结果的批复	2016-6-27
25 号	关于松垭镇人大、政府换届候选人的通知	2016-8-17
26 号	关于塘汛镇人大、政府换届候选人的通知	2016-8-17
27 号	关于绵阳经开投资控股集团有限公司总经理人选的通知	2016-8-9
28 号	关于印发《绵阳经济技术开发区 2016 年目标绩效管理办法》的通知	2016-9-5
29 号	关于表扬教育工作先进集体和个人的通报	2016-9-5
30 号	关于成立区非公经济和社会组织党建工作机构的通知	2016-10-17
31 号	关于张猛同志任职的通知	2016-12-15
33 号	关于成立中国共产党绵阳经济技术开发区直属机关工作委员会的通知	2016-12-27

绵阳经开区 2016 年度发文一览表

（绵经开管发）

表 26

发文序号	文件名称	印发日期
1 号	关于表扬 2015 年度统计工作先进企业的通	2016-1-26
2 号	关于马丽春等同志职务任免的通知	2016-1-29
3 号	关于刘值兵等同志职务聘任的通知	2016-1-29
4 号	关于成立绵阳经开区长虹工业园政府性投入情况阶段性审计工作领导小组的通知	2016-2-2
5 号	关于确定四川孟林经鑫燃气有限公司供气区域的批复	2016-3-15
6 号	关于印发《绵阳经开区“蓝天”行动实施方案》的通知	2016-3-25
7 号	关于表扬 2015 年度新上规模企业、限上企业、新认定高新技术企业、著名商标企业、知名商标企业的通报	2016-3-30
8 号	关于做好第三次全国农业普查工作的通知	2016-4-6

续表 26

发文序号	文件名称	印发日期
9号	关于肖尤琼同志职务任免的通知	2016-4-8
10号	关于利尔化学股份有限公司东区新征土地相关请求事宜的批复	2016-4-11
11号	关于同意增加绵阳鑫之力投资有限责任公司注册资本金的批复	
12号	关于将绵阳经开置业有限责任公司、绵阳三江商贸有限公司股权以增资的方式注入绵阳鑫之力投资有限责任公司的批复	2016-4-20
13号	关于“绵阳鑫之力投资有限责任公司”更名为“绵阳经开投资控股集团有限公司”的批复	2016-4-21
14号	关于将绵阳经开置业有限责任公司、绵阳三江商贸有限公司股权划转到绵阳鑫之力投资有限责任公司的批复	2016-4-26
15号	关于表扬2015年度商贸服务业发展先进单位的通报	2016-4-28
16号	关于绵阳经开投资控股集团有限公司董事会、监事会组成人员的通知	2016-4-27
17号	关于实施经开区互联网+科技融创（孵化）中心项目的通知	2016-5-5
18号	关于表扬2015年度新认定省级企业技术中心、绵阳市知名商标企业的通报	2016-5-18
19号	关于《四川长虹电子控股集团有限公司关于绵阳华丰互连技术有限公司华丰连接器产业园建设项目使用中国农发重点建设基金事宜的请示》的批复	2016-5-18
20号	关于王晓辉等同志职务任免的通知	2016-5-23
21号	关于下达绵阳经开区松垭镇和游仙经开区南区置换用地拆迁安置任务的通知	2016-5-23
22号	关于印发《绵阳经济技术开发区建筑业和房地产业税收协作管理办法》的通知	2016-6-2
23号	关于下达利尔化学股份有限公司等七个项目 推进拆迁安置任务的通知	2016-6-8
25号	关于确定辖区燃气企业供气区域的批复	2016-6-14
26号	关于确定和调整辖区燃气企业供气区域的批复	2016-6-30
27号	关于下达中13路南延段拆迁安置任务的通知	2016-7-15
28号	关于印发《南区花园跃进电梯统建房A区一期经营用房配置方案》的通知	2016-7-28
29号	关于印发《绵阳经开区2016年全面创新改革试验工作方案》的通知	2016-9-1
30号	关于下达绵阳市龙德机械有限公司、绵阳市高兴置业有限公司项目推进拆迁安置任务的通知	2016-9-1
31号	关于办理南区花园跃进统建房（城南壹号）项目立户的通知	2016-9-13

续表 26

发文序号	文件名称	印发日期
32 号	关于下达 2016 年税收任务的通知	2016-9-30
33 号	关于下达 2016 年税收任务的通知	2016-9-30
34 号	关于调整区国有资产管理委员会组成人员的通知	2016-12-9
35 号	关于调整区安全生产委员会组成人员的通知	2016-11-18
36 号	关于开展严厉打击“四强”违法犯罪活动维护重点工程项目建设施工秩序专项行动的通知	2016-12-28
37 号	关于印发《水污染防治行动计划工作方案（试行）》的通知	2016-12-29
38 号	关于邓猛同志免职的通知	2016-12-30

绵阳经开区 2016 年度发文一览表

（绵经开委办发）

表 27

发文序号	文件名称	印发日期
1 号	关于转发《中共绵阳市委办公室绵阳市人民政府办公室关于切实做好全市困难群众安全温暖过冬工作的通知》的通知	2016-1-18
2 号	关于做好春节放假期间有关工作的通知	2016-2-2
3 号	关于印发《绵阳经济技术开发区网络理政工作目标绩效考核办法（试行）》的通知	2016-3-8
4 号	关于下达 2016 年全区党务政务信息工作目标任务的通知	2016-3-8
5 号	关于表扬 2015 年度全区党务政务信息工作先进单位及个人的通报	2016-3-10
6 号	关于印发《经开区实施 2016 年省级民生工程和民生大事目标分解及完成情况统计表》的通知	2016-3-17
7 号	关于印发《2016 年经开区党（工）委中心组学习意见》的通知	2016-3-16
8 号	关于做好清明节放假期间有关工作的通知	2016-3-11
9 号	关于印发《城南新区 产业新城——绵阳经济技术开发区简介(2016 年)》和《绵阳经开区概况（2016 年)》的通知	2016-3-31
10 号	关于成立乡镇领导班子换届工作领导小组的通知	2016-4-8

表 27

发文序号	文件名称	印发日期
11 号	关于印发《绵阳经济技术开发区 2016 年精神文明建设工作要点》的通知	2016-4-21
12 号	关于印发《经开区 2016 年度项目推进工作目标考核办法》的通知	2016-4-22
13 号	关于做好“五一”劳动节放假期间有关工作的通知	2016-4-26
14 号	关于印发《关于在全区党员中开展“学党章党规、学系列讲话，做合格党员”学习教育实施方案》的通知	2016-5-3
15 号	关于印发《区党工委管委会 2016 年工作要点确定事项责任分工方案》的通知	2016-5-6
16 号	关于印发《绵阳经开区 2016 年全面深化改革工作要点》的通知	2016-5-6
17 号	关于做好《绵阳经开区年鉴（2016）》编纂工作的通知	2016-5-17
18 号	关于调整区党的建设工作领导小组的通知	2016-5-18
19 号	关于印发《成立经开区重点工作督查领导小组及其督查组的方案》的通知	2016-5-27
20 号	关于成立经开区重点工作第一督查组的通知	2016-5-31
21 号	关于成立经开区全面创新改革试验工作领导小组的通知	2016-6-3
22 号	关于做好端午节放假期间有关工作的通知	2016-6-7
23 号	关于印发《法治经开区建设 2016 年工作要点》的通知	2016-6-7
24 号	关于设立经开区“两学一做”学习教育协调小组的通知	2016-6-7
25 号	关于印发《绵阳经济技术开发区公文处理失误登记通报制度》的通知	2016-6-8
26 号	关于明确市下达经开区 2016 年目标牵头监控考评部门的通知	2016-6-13
27 号	关于调整依法治区领导小组及办事机构组成人员的通知	2016-6-20
28 号		
29 号	关于召开庆祝中国共产党成立 95 周年大会的通知	2016-6-28
30 号	关于转发《绵阳市人民政府办公室进一步加强 2016 年全市地质灾害防治工作的通知》的通知	2016-6-30
31 号	关于印发《2016 年经开区党风廉政建设和反腐败工作安排意见》的通知	2016-5-6
32 号	关于印发《经开区深化“为官不为”问题专项整治实施方案》的通知	2016-7-6
33 号	关于调整全面深化改革工作领导小组及办事机构组成人员的通知	2016-7-5

续表 27

发文序号	文件名称	印发日期
34 号	关于印发《2016 年党风廉政建设和反腐败工作任务分工》的通知	2016-7-11
35 号	关于在“两学一做” 学习教育中开展三项整改“回头看”的通知	2016-7-25
36 号	关于成立经开区打击侵犯知识产权和制售假冒伪劣商品工作领导小组的通知	2016-3-7
37 号	关于调整区深化医药卫生体制改革工作领导小组组成人员的通知	2016-9-1
38 号	关于印发<绵阳经济技术开发区 2016 年目标绩效考核细则>的通知	2016-9-2
39 号	关于成立经开区会展业工作领导小组的通知	2016-9-2
41 号	关于印发《经开区 2016 年度文明城市建设工作目标绩效考评办法》的通知	2016-9-22
42 号	关于做好国庆节放假期间有关工作的通知	2016-9-28
43 号	关于推进社会组织改革和发展的实施意见	2016-10-8
44 号	关于印发《贯彻落实市委六届十二次全体会议重大部署责任分工方案》的通知	2016-10-12
45 号	关于成立汉鑫软木制品公司火灾现场指挥部并立即组织开展重点防火单位消防安全检查的紧急通知	2016-10-16
46 号	关于印发《绵阳经济技术开发区聘用人员管理办法》的通知	2016-10-22
47 号	关于印发《经开区机关事业单位干部职工请销假制度》的通知	2016-10-20
48 号	关于认真学习宣传和贯彻落实市第七次党代会精神的通知	2016-10-18
49 号	关于印发《绵阳经济技术开发区区属国有企业管理暂行办法》《绵阳经济技术开发区区属国有企业考核暂行办法》《绵阳经济技术开发区区属国有企业负责人薪酬制度改革实施办法（试行)》的通知	2016-10-278
50 号	关于印发《绵阳经济技术开发区各级干部安全生产职责清单》的通知	2016-10-28
51 号	关于印发经开区 2016 年度高新技术产业和战略性新兴产业等八项重点工作目标绩效考核办法的通知	2016-10-28
52 号	关于进一步加强值班工作的通知	2016-11-2
53 号	关于印发《在“两学一做”学习教育中深入开展“走基层、解难题、办实事、惠民生”活动方案》的通知	2016-11-4
54 号	关于印发《选聘绵阳经开投资控股集团有限公司中高级管理人员的方案》的通知	2016-11-14

续表 27

发文序号	文件名称	印发日期
55 号	关于印发《绵阳经济技术开发区区管领导干部经济责任内部审计工作规划（2016—2020 年)》的通知	2016-11-23
56 号	关于印发《绵阳经济技术开发区安全生产监督管理职责规定》的通知	2016-11-28
57 号	关于印发《学习贯彻党的十八届六中全会省委十届九次全会和市委七届二次全会精神宣讲工作方案》的通知	2016-12-2
58 号	关于成立经开区村（社区）“两委”换届工作领导小组的通知	2016-12-9
59 号	关于印发《绵阳经济技术开发区深化改革工作机制》的通知	2016-12-12
60 号	关于进一步加强全区深化改革工作督察督办工作的通知	2016-9-16
61 号	关于调整经开区党工委意识形态工作领导小组的通知	2016-12-20
62 号	关于印发《绵阳经开区土地成本资金拨付管理办法（试行)》的通知	2016-12-20
65 号	关于印发《绵阳经济技术开发区区属国有企业违规经营投资责任追究管理办法（试行)》的通知	2016-12-20
66 号	关于印发《绵阳经济技术开发区创新企事业单位民主管理制度改革完善工资集体协商工作方案》的通知	2016-12-20
67 号	关于做好元旦节放假期间有关工作的通知	2016-12-28
68 号	关于做好环境保护督查迎检工作的紧急通知	2016-12-30
69 号	关于做好全区第十届村（居）民委员会换届选举工作的通知	2016-12-29

绵阳经开区 2016 年度发文一览表

（绵经开管办发）

表 28

发文序号	文件名称	印发日期
1 号	关于开展 2016 年春节慰问活动的通知	2016-1-25
2 号	关于成立经开区电子商务调查工作领导小组的通知	2016-1-29

续表 28

发文序号	文件名称	印发日期
3 号	关于全力推进经开区平台公司 AA 评级暨首期债券发行工作的通知	2016-1-29
4 号	关于确定 2016 年区级消防安全重点单位的通知	2016-1-29
5 号	关于印发《2016 年春节期间全区重点场所安全稳定应急预案》的通知	2016-2-6
6 号	关于 2016 年突发事件应对处置工作的安排意见	2016-2-18
7 号	关于印发《长虹工业园二期项目用地后续拆迁安置工作推进方案》的通知	2016-2-22
8 号	关于调整区森林防火工作指挥部的通知	2016-2-23
9 号	关于成立长虹工业园二期项目推进工作领导小组的通知	2016-2-23
11 号	关于调整区献血领导小组工作的通知	2016-3-1
12 号	关于调整区艾滋病和结核病防治工作领导小组的通知	2016-3-1
13 号	关于调整区国家精神卫生综合管理试点工作领导小组成员的通知	2016-3-1
14 号	关于开展 2016 年义务植树活动的通知	2016-3-10
15 号	关于印发《经开区 80 周岁以上老人高龄津贴实施办法》的通知	2016-3-8
16 号	关于印发《2016 年义务植树的活动方案》的通知	2016-3-10
17 号	关于做好 2016 年度干部职工健康检查工作的通知	2016-3-22
18 号	关于印发《经开区 2016 年秸秆禁烧和综合利用工作方案》的通知	2016-4-11
19 号	关于开展全区行政事业单位资产清查工作的通知	2016-4-13
20 号	关于印发《绵阳经开区扶贫攻坚工作实施方案（2016 年—2018 年）》的通知	2016-4-18
21 号	关于下达 2016 年城南新区经开片区土地　整理工作任务的通知	2016-4-18
22 号	关于做好 2016 年防汛应急值班工作的通知	2016-4-26
23 号	关于印发《经开区城乡困难群众临时生活救助实施细则（试行）》的通知	2016-5-4
24 号	关于修订印发《绵阳经济技术开发区档案室应急工作预案》的通知	2016-5-11
25 号	关于开展辖区门牌编制及安装工作的通知	2016-5-12

续表 28

发文序号	文件名称	印发日期
26 号	关于印发《绵阳经济技术开发区突发地质灾害应急预案》的通知	2016-5-17
27 号	关于印发《打击整治传销违法犯罪活动专项行动工作方案》的通知	2016-5-17
28 号	关于集中开展户籍和实有人口信息清理登记专项行动的通知	2016-5-24
29 号	关于下达 2016 年市区民生工程目标的通知	2016-6-3
30 号	关于认真做好 2016 年中考等相关工作的通知	2016-6-6
31 号	关于做好退出乡村医生发放生活补助有关工作的通知	2016-6-3
32 号	关于调整绵阳经开区道路交通安全综合整治领导小组及办公室成员名单的通知	2016-6-15
33 号	关于成立绵阳国家级经济技术开发区综合评价考核工作领导小组的通知	2016-6-28
34 号	关于印发《绵阳经济技术开发区 2016 年“互联网+”重点工作方案》的通知	2016-6-30
35 号	关于进一步加强乡村医生队伍建设的实施意见	2016-7-1
36 号	关于印发《绵阳经开区贯彻落实国务院办公厅 2016 年政务公开工作要点实施方案》的通知	2016-7-7
37 号	关于认真贯彻落实《生产安全事故应急预案管理办法》的通知	2016-7-12
38 号	关于进一步提升依法公开政府信息工作水平的通知	2016-7-18
39 号	关于印发《进一步加强长江流域经开区境内化工企业安全监管工作实施方案》的通知	2016-7-18
40 号	关于成立绵阳经开区道路交通安全综合治理委员会的通知	2016-7-19
41 号	关于建设经开区技能大师工作室的意见	2016-7-13
42 号	关于成立经开区 ISO9001 质量体系领导小组的通知	2016-7-15
43 号	关于印发《绵阳经济技术开发区造价咨询机构管理办法》的通知	2016-7-22
44 号	关于分解下达市新增经开区 2016 年度小学、幼儿园、菜市场和体育设施建设民生工程目标任务的通知	2016-7-26
45 号	关于做好 2016 年“八一”期间走访慰问工作的通知	2016-7-27
46 号	关于深入开展工程机械安全生产专项整治的通知	2016-8-2
47 号	关于印发《经开区社区网格化服务管理全覆盖工作实施方案》的通知	2016-8-25

续表 28

发文序号	文件名称	印发日期
48 号	关于印发《绵阳经济技术开发区标本兼治遏制重特大事故工作实施方案》的通知	2016-8-29
49 号	关于切实推进安全隐患排查治理体系建设及应用工作的通知	2016-9-19
50 号	关于开展 2016 年“敬老月”活动及评选“孝亲敬老模范”的通知	2016-9-23
51 号	关于报送经开区 2016 年度市级调研课题相关材料的通知	2016-10-18
52 号	关于印发《经开区机关事业单位职工住房补贴实施办法》的通知	2016-10-20
53 号	关于印发《经开区“十三五”医疗机构设置规划》的通知	2016-10-28
54 号	关于开展 2016 年度灵活就业人员社会保险补贴工作的通知	2016-11-3
55 号	关于调整经开区爱国卫生运动委员会组成人员的通知	2016-11-8
56 号	关于成立城南新区经开片区拆迁安置补偿资金会审小组的通知	2016-11-11
57 号	关于成立经开区“雪亮”工程建设领导小组的通知	2016-11-16
58 号	关于做好行政效能视频监察系统升级改造工作的通知	2016-11-18
59 号	关于成立推进学前教育工作领导小组的通知	2016-6-21
60 号	关于成立经开区质量强区工作领导小组的通知	2016-11-24
61 号	关于调整区艾滋病和结核病防治工作领导小组的通知	2016-11-30
62 号	关于开展 2016 年冬春送温暖慰问活动的通知	2016-12-2
63 号	关于成立政府和社会资本合作领导小组的通知	2016-12-14
64 号	关于印发《经开区统规统建住房专项维修资金管理暂行办法》的通知	2016-12-15
65 号	关于成立经开区反恐怖工作领导小组的通知	2016-12-21
66 号	关于进一步加强新时期爱国卫生工作的实施意见	2016-8-15
67 号	关于印发《经开区环境综合整治工作行动方案》的通知	2016-12-26
68 号	关于印发《经开区零星建设工程竣工验收管理规定》的通知	2016-12-26
69 号	关于印发《绵阳经济技术开发区管委会和社会资本合作项目推进实施办法》的通知	2016-12-29
70 号	关于成立经开区大气水土壤污染防治“三大战役”领导小组的通知	2016-12-6

2016 年度表彰奖励和特色工作情况自评表

表 29

序号	授奖单位	获奖单位	获奖名称	获奖文号	发文（奖牌）时间
经开区获奖上报统计					
1	市委市政府	经开区管委会	第三届中国（绵阳）科技城国际博览会和 2015 年中国（四川）电子商务发展峰会先进集体（县市区、园区）	绵委〔2016〕81 号	2016-04-19
2	市政府	经开区	2015 年度全市固定资产投资工作优胜单位	绵府函〔2016〕35 号	2016-03-03
3	市政府	经开区管委会	2015 年度政务服务工作先进单位	绵府函〔2016〕41 号	2016-02-19
4	市政府	经开区管委会	2015 年度投资促进工作先进单位	绵府函〔2016〕44 号	2016-02-24
5	市政府	经开区管委会	2015 年度闲置土地处置工作先进单位	绵府函〔2016〕52 号	2016-03-04
6	市政府	经开区	2015 年度工业经济发展先进集体	绵府函〔2016〕60 号	2016-03-16
7	市政府	经开区	2015 年度安全生产目标考核良好单位	绵府函〔2016〕89 号	2016-04-05
8	市政府	经开区管委会	2015 年度统计工作优秀单位	绵府函〔2016〕97 号	2016-04-12
9	市政府	经开区管委会	全市小流域水环境综合整治工作先进集体	绵府函〔2016〕108 号	2016-05-04
10	市政府	经开区管委会	第二届绵阳市职业技能大赛 优秀组织奖	绵府函〔2016〕171 号	2016-07-21
11	市委办、市、政府办	经开区党工委管委会	2015 年度信访工作先进集体	绵委办〔2016〕16 号	2016-03-14
12	市委办	经开区	2015 年度公文评审先进单位（优秀等次）	绵委办〔2015〕120 号	2015-12-25

续表 29

序号	授奖单位	获奖单位	获奖名称	获奖文号	发文（奖牌）时间
13	市委办	经开区	2015 年度《中办通讯》《秘书工作》通联工作先进单位	绵委办〔2015〕120 号	2015-12-25
14	市政府办	经开区管委会	2015 年度人力资源和社会保障工作先进单位	绵府办函〔2016〕58 号	2016-05-03
15	市政府办	经开区	迎接国家农村生活垃圾治理检查验收工作先进单位	绵府办函〔2015〕233 号	2015-12-29
16	市目督办	经开区	1—2 月全社会固定资产投资增速暂列全市前列，市委、市政府主要领导充分肯定	无文号	2016-03-14
17	市委、市政府党风廉政建设责任制领导小组办	经开区	全市党风廉政建设责任制考核先进单位的通报	绵委责办〔2016〕1 号	2016-02-02
部门、单位获奖统计					
区综合办					
1	市政府	经开区管委会	2015 年度政务服务工作先进单位	绵府函〔2016〕41 号	2016-02-19
2	市委办	经开区	2015 年度公文评审先进单位（优秀等次）	绵委办〔2015〕120 号	2015-12-25
3	市委办	经开区	2015 年度《中办通讯》《秘书工作》通联工作先进单位	绵委办〔2015〕120 号	2015-12-25
4	市政府办	经开区综合办	2015 年政府系统办公室政务信息绩效评价获表扬单位	绵府办函〔2016〕12 号	2016-01-28
5	市政府办	经开区综合办	2015 年全市政府系统办公室电子政务与网站建设绩效价获表扬单位	绵府办函〔2016〕12 号	2016-01-28
6	市委办	经开区综合办	2015 年度文件清退工作先进单位	绵委办〔2016〕36 号	2016-06-12
7	市委办	经开区综合办	2015 年度向市委报送信息先进单位	绵委办〔2016〕17 号	2016-03-14

续表 29

序号	授奖单位	获奖单位	获奖名称	获奖文号	发文（奖牌）时间
8	市档案局	经开区管委会	2015 年度重点建设项目档案监督指导和管理工作先进单位	绵市档〔2016〕79 号	2016-12-06
9	市档案局	经开区综合办	2016 年度市直机关单位档案执法检查先进单位	绵市档〔2016〕72 号	2016-12-02
10	区党工委	区综合办	先进基层党组织	绵经开委发〔2016〕21 号	2016-06-27
11	区党工委管委会	综合办	2015 年度经开区文明城市建设工作先进集体	绵经开委发〔2016〕12 号	2016-05-04
12	区安委会	综合办	2015 年度安全生产工作工作先进单位	绵经安委〔2016〕3 号	2016-03-08
13	市目督办	区综合办	2016 年民生工作先进单位	绵目督办发〔2016〕61 号	2016-12-30
14	市档案局	经开区	2016 年全市档案事业统计年报工作先进单位	绵档发〔2016〕12 号	2016-12-29
15	市政法委	经开区政法工作领导小组	2016 年全市政法调研工作（组织工作）先进单位	绵委政法〔2016〕140 号	2016-12-29
16	市方志办	区综合办	2016 年度年鉴编纂出版工作成效突出单位	绵志办〔2016〕59 号	2016-12-27
17	区综合办	区综合办	2015 年度全区党务政务信息工作优秀单位	绵经开委办发〔2016〕5 号	2016-3-10
			区党群部		
1	区综合办	区党群工作部	2015 年度全区党务政务信息工作优秀单位	绵经开委办发〔2016〕5 号	2016-3-10
2	市妇联	区党群工作部	绵阳市“三八”红旗集体	绵妇发〔2016〕5 号	2016-3-4
3	市妇联	区党群工作部	2011—2015 年度绵阳市妇女儿童工作先进集体	绵妇儿工委〔2016〕2 号	2016-12-7
4	市妇联	区妇工委	绵阳市妇女组织 2016 年工作考核一等奖	绵妇发〔2016〕16 号	2016-12-29
5	市妇联	区妇工委	绵阳市妇联系统 2016 年维权先进单位	绵妇发〔2016〕17 号	2016-12-29

续表 29

序号	授奖单位	获奖单位	获奖名称	获奖文号	发文（奖牌）时间
6	市统战部	经开区	绵阳市 2016 年度民族宗教工作先进单位	绵委统发〔2016〕36 号	2016-12-29
7	区党工委	区党群部支部	全区 2016 年度先进基层党组织	绵经开委发〔2016〕21 号	2016-6-27
8	市文明委	区党群工作部	文明城市等先进集体	绵文明委〔2016〕22 号	2016-12-29
9	市民宗局	区党群工作部	2016 年度全市民族工作受表扬单位	绵民宗发〔2016〕168 号	2016-12-30
10	市民宗局	区党群工作部	2016 年度全市宗教工作二等奖	绵民宗发〔2016〕169 号	2016-12-30
11	市团委市创业促进会	团委（经开区创业工作站）	2015 年度创业促进工作先进集体	光荣册	2016-01
12	市军转办	经开区	2016 年度军转安置工作先进县（市、区）	绵转发〔2016〕51 号	2016-12-30
区监察局					
1	市委政府党风廉政建设责任制领导小组办公室	经开区	全市党风廉政建设责任制考核先进单位的通报	绵委责办〔2016〕1 号	2016-02-02
区经发局					
1	市委、市政府	经开区	第三届（绵阳）科技城国际科技博览会和 2015 中国（四川）电子商务发展峰会先进集体	绵委〔2016〕81 号	2016-04-03
2	市政府	经开区	2015 年度全市固定资产投资工作优胜单位（二等奖）	绵府函〔2016〕35 号	2016-03-03
3	市政府	经开区	2015 年度全市工业经济发展先进集体（二等奖）	绵府函〔2016〕60 号	2016-3-16
4	市政府	经开区	2015 年度安全生产目标考核良好单位	绵府函〔2016〕89 号	2016-4-5
5	市政府	经开区管委会	2015 年度统计工作优秀单位	绵府函〔2016〕97 号	2016-4-12

续表 29

序号	授奖单位	获奖单位	获奖名称	获奖文号	发文（奖牌）时间
6	市安委会	经发局	2015 年度安全生产工作先进单位	绵安委〔2016〕6 号	2016-4-7
7	市安委会	区安办	去冬今春安全生产先进单位	绵安委〔2016〕8 号	2016-4-26
8	市安委会	区安办	2015 年度全市安全生产宣传工作先进单位	绵安委〔2016〕10 号	2016- 6-6
9	市安委会	区安办	2016 年“安全生产月”活动先进单位	绵安委〔2016〕21 号	2016-11-21
10	市统计局	区经发局	2015 年县市区（园区及科学城）统计工作综合考评优秀单位	绵统计函〔2016〕9 号	2016-2-1
11	市发改委	经开区	2015 年投资工作通报表扬	绵市发改投资〔2016〕30 号	2016-1-25
12	市商务局	区经发局	2015 年度全市商务工作先进单位	绵商办〔2016〕38 号	2016-1-29
13	市商务局	经开区经发局	2015 年度全市外贸外经专项工作先进单位	绵商办〔2016〕40 号	2016-1-29
14	市商务局	经开区	2015 年办公室工作先进单位	绵商办〔2016〕100 号	2016-4-27
15	国家统计局绵阳调查队	经开区	2016 年度规模以下工业抽样工作三等奖	绵调办字〔2016〕47 号	2016-11-1
16		经开区	2016 年度采购经理调查工作二等奖	绵调字〔2016〕58 号	2016-11-18
17		经开区	2016 年度规模以下服务业抽样工作三等奖	绵调字〔2016〕74 号	2016-11-12
18		经开区	2016 年度工价调查工作二等奖	绵调字〔2016〕79 号	2016-12-14
19	市献血领导小组	区经发局	2015 年度无偿献血先进单位	绵献血组〔2016〕1 号	2016-6-13
20	市统计局办公室	经开区	2015 年度全市普查中心系统园区工作考评优秀奖	绵统计办函〔2016〕3 号	2016-1-19
21	市统计局办公室	区经发局	2015 年度全市统计教育综合园区先进	绵统计办函〔2016〕4 号	2016-1-26

续表 29

序号	授奖单位	获奖单位	获奖名称	获奖文号	发文（奖牌）时间
22	市统计局办公室	经开区	2015 年度能源统计工作先进单位	绵统计办发〔2016〕6 号	2016-1-11
23	市统计局办公室	经开区经发局	2016 年度全市国民核算统计工作园区先进工作奖	绵统计办发〔2016〕87 号	2016-12-23
24	市统计局办公室	经开区经发局	2016 年度园区工业统计先进单位	绵统计办发〔2016〕90 号	2016-12-26
25	市统计局办公室	经开区	2016 年度园区服务业统计工作考核先进单位	绵统计办发〔2016〕83 号	2016-12-20
26	市统计局办公室	经开区	2016 年度园区贸易外经统计工作先进单位	绵统计办发〔2016〕84 号	2016-12-20
27	市统计局办公室	经开区	全市园区社会科技文化统计工作先进单位	绵统计办发〔2016〕92 号	2016-12-26
28	市统计局办公室	经开区经发局	2016 年度园区社管统计工作优秀单位	绵统计办发〔2016〕93 号	2016-12-30
29	市服务业发展领导小组办公室	区管委会	一季度服务业工作“开门红”先进单位	绵服领办〔2016〕6 号	2016-4-27
30		经开区	三季度全市服务业发展通报（对经开区充分肯定）		2016-11-1
31	市工业经济暨“两新”产业领导小组	经开区经发局	2016 年工业运行监测先进单位	绵工新领办〔2016〕3 号 x	2016-12-19
区科技局					
1	绵市科学技术普及领导小组	区科学技术局	科普工作先进单位	绵科普领〔2016〕1 号	2016-11-09
2	区综合办	区科学技术局	2015 年度全区党务政务信息工作优秀单位		2016-03

续表 29

序号	授奖单位	获奖单位	获奖名称	获奖文号	发文（奖牌）时间
			区住建局		
1	市民政府	经开区管委会	全市小流域水环境综合整治工作先进集体	绵府函〔2016〕108 号	2016-05-04
2	市防震减灾局	经开区住建局	震害防御工作先进单位	绵震发〔2016〕8 号	2016-02-02
3	市文明委	经开区住建局	文明科室		2016-04
4	市数字化城市管理中心	区住建局	“12319”热线工作先进单位	绵数字城管发〔2016〕02 号	2016-01-11
5	区文明委	经开区住建局	文明城市建设工作先进集体		2016-04
			区投促局		
1	市投促局	区投资促进局	2015 年度投资促进工作先进单位	绵投促〔2016〕14 号	2016-02-01
2	市商务局	区投资促进局	2015 年度全市利用外资工作先进单位	绵商办〔2016〕43 号	2016-02-05
3	市政府	经开区管委会	2015 年度投资促进工作先进单位	绵府函〔2016〕44 号	2016-02-24
			区财政局		
1	市金融办	区财政局	2015 年政府金融工作先进单位	绵府金发〔2016〕8 号	2016-03-15
2	市金融办	区财政局	2015 年度全市地方准金融机构监管工作先进单位	绵府金发〔2016〕4 号	2016-02-04
3	市财政局	区财政局	2015 年度财政预算管理工作三等奖	绵财预〔2016〕3 号	2016-01-18
4	市财政局	区财政局	2015 年财政支农工作单项工作——农田水利项目管理先进单位	绵财农〔2016〕6 号	2016-01-27
5	市财政局	区财政局	2015 年度财政投资管理及固定资产投资决算报表工作三等奖	绵财投〔2016〕1 号	2016-01-12

续表 29

序号	授奖单位	获奖单位	获奖名称	获奖文号	发文（奖牌）时间
6	市财政局	区财政局	2015 年财政宣传和财政信息工作二等奖	绵财办〔2016〕3 号	2016-01-07
7	市小额人身保险工作领导小组	区财政局	2016 年全市农村小额保险工作成绩突出单位	绵小保发〔2016〕1 号	2016-10-09
区社发局					
1	市六届运动会组委会（彭宇行安排）	经开区	优秀组织奖、体育道德风尚奖	绵六运〔2016〕3 号	2016-10-25
2		经开区	市第六届运动会（成年组）象棋比赛体育道德风尚奖	证书	2016-10
3	市教体局 市文明办	区社发局	绵阳市第五届学校少年宫成果展优秀组织奖	绵教体函〔2016〕301 号	2016-09-02
4	市教体局	区社发局	绵阳市贯彻落实《国家学生体质健康标准》先进集体	绵教体函〔2016〕442 号	2016-12-15
5	市教体局	区社发局	2015 年教育体育工作目标考核园区一等奖	绵教体函〔2016〕69 号	2016-03-10
6	市教育技术和信息管理中心	区社发局	2015 年度教育技术和教育信息化工作目标考核一等奖	绵教技〔2016〕18 号	2016-04-12
7	市文明委	区社发局	绵阳市未成年人思想道德建设工作先进集体	绵文明委〔2016〕9 号	2016-04-13
8	区党工委管委会	区社发局	2015 年度经开区文明城市建设工作先进集体	奖牌	2016-04
9	区党工委管委会	区社发局	2015 年度经开区未成年思想道德建设工作先进集体	奖牌	2016-04
10	市民政局	区社发局	2015 年度全市基层政权和社区治理工作先进集体	绵民函〔2016〕9 号	2016-02-03
11	市民政局	区社发局	2015 年度全市救灾减灾和社会福利工作先进集体	绵民函〔2016〕7 号	2016-02-03

续表 29

序号	授奖单位	获奖单位	获奖名称	获奖文号	发文（奖牌）时间
12	市民政局	区社发局	2015 年度全市民政工作优秀单位	绵民函〔2016〕13 号	2016-02-03
13	市献血领导小组	区管委会	绵阳市 2015 年度无偿献血工作先进县市区	绵献血组〔2016〕1 号	2016-06-13
14	市卫计委	区社发局	2015 年度绵阳市计划生育服务与管理先进集体	绵卫函〔2016〕41 号	2016-02-13
15	市卫计委	区社发局	2015 年度县市区、园区卫生计生部门绩效考核优良单位	绵卫〔2016〕6 号	2016-02-23
16	市文明委	区社发局	文明城市等先进集体	绵文明委〔2016〕22 号	2016-12.-29
17	市教体局	经开区	2016 年全市青少年体育锦标赛园区第二名	绵教体函〔2016〕465 号	2016-12-30
18	绵军转领导小组	经开区	2016 年度军转安置工作先进单位	绵转发〔2016〕51 号	2016-12-30
19	区依法治区领导小组办公室	区社发局	经开区“法润天府·法治文艺进万家”活动组织奖	证书	2016-10
			区城统局		
1	市委市政府	经开区城统局	绵阳市创建国家森林城市工作先进集体	绵委办〔2016〕350 号	2016-12-30
2	市农委、财政局	经开区城统局	市级财政农业发展项目资金绩效考评第三名	绵农委〔2016〕45 号	2016-12-7
3	市农委	经开区城统局	2016 年度发展农民专业合作经济组织先进单位二等奖	绵农委发〔2016〕16 号	2016-12-26
4	市农委	经开区	2016 年度发展农业产业化经营先进单位二等奖	绵农委发〔2016〕18 号	2016-12-26
5	市移民局	区城统局	2016 年度移民信访维稳工作先进单位	绵扶贫移民发〔2016〕77 号	2016-12-30
6	市农业局	区城统局	2016 年度农业工作综合考评二等奖	绵农发〔2016〕187 号	2016-12-30

续表 29

序号	授奖单位	获奖单位	获奖名称	获奖文号	发文（奖牌）时间
3	绵阳市工商局	市工商局经开分局	2016 年推进商标战略广告战略实施工作先进单位	绵工商发〔2016〕77 号	2016–12–09
4	绵阳市工商局	市工商局经开分局	2016 年度开展“守合同重信用”企业公示工作优秀单位	绵工商发〔2016〕68 号	2016–11–21
5	绵阳市工商局	市工商局经开分局	年报公示及信用信息监管工作先进单位	绵工商发〔2016〕75 号	2016–12–06
6	绵阳市工商局	市工商局经开分局	2016 年商事制度改革工作先进单位	绵工商发〔2016〕76 号	2016–12–09
7	区党工委管委会主要领导	市工商局经开分局	对工商行政简报第 5 期，毛一兵：“三证合一”工作措施得力，成效显著，望持续，有力推进。代宏：措施得力，效果明显，继续努力	毛一兵 代　宏	2016–03–25
8	区管委会主要领导	市工商局经开分局	对上半年市场主体发展情况的报告：分析报告很有质量	代　宏	2016–07–28
9	区管委会主要领导	市工商局经开分局	对三证合一工作情况的报告：经开区三证合一工作成效显著，工商分局功不可没	代　宏	2016–09–13
10	市工商局	市工商局经开分局	工商行政简报：对经开区“积极实施商标战略，推动品牌基础建设”通过编者“按”予以肯定	第 36 期	2016–09–13
11	市工商局局长	市工商局经开分局	对经开区圆满完成协助省局在经开区召开工商系统非公经济党（团）建现场会任务：何利骏给予肯定	第 14 期	2016–08–22
12	市工商局局长	市工商局经开分局	对上半年市场主体发展情况的报告：何立俊给予肯定	何立俊	2016–12–09
13	市文明委	工商分局	市文明窗口	绵文明委〔2016〕11 号	2016–04

2016年经开区党工委管委会及机构领导名录

【区党工委、管委会领导名录】

区党工委书记	毛一兵
区党工委副书记、管委会主任	代　宏（2016年9月前）
	赵明君（2016年9月后）
区党工委副书记、管委会副主任	黄　琦（2016年5月退休）
区党工委委员、管委会副主任	朱　林（2016年9月29日，市第六届人民代表大会常务委员会第四十三次会议通过，任命为市人大常委会副秘书长、办公室主任)
区党工委委员、纪工委书记、总工会主席	张治冬
区党工委委员、管委会副主任	陈　鼎
区党工委委员、管委会副主任	杨朝晖　(2016年11月调任市政府副秘书长)
区党工委委员、管委会副主任	戴顺贵
区党工委委员、管委会副主任	周世权
区党工委委员、管委会副主任	朱　均
调研员	刘宁东
助理调研员	贾剑凌
助理调研员	杨建华
副调研员	王　斌
区管委会主任助理（挂职）	陈　巍

【区机构及负责人名录】

区级部门

综合办公室

主　任　景　刚（2016 年 1 月前）

　　　　李　何（2016 年 1 月后）

副主任　侯治强

　　　　惠　慧（女）

　　　　张　猛

党群工作部

部　长　李　何（2016 年 1 月前）

　　　　杨　涛（女，2016 年 1 月后）

副部长　鲍久益（2016 年 5 月前）

　　　　杨丽苏（女）

　　　　凌　晨

监察局

局　长　何仕良

经济发展局

局　长　李代发

副局长　宁　勇

　　　　梅小虎

　　　　刘雅文（女）

科学技术局

局　长　刘虋海

副局长　宋　涛

住房和城乡建设局（环境保护局）

局　长　龙运金

副局长　熊小枫

　　　　钟　旭（2016 年 5 月前）

　　　　王晓辉（2016 年 5 月后）

　　　　田　勇（2016 年 5 月后）

投资促进局

局　长　李　波

副局长　肖尤琼（女）

　　　　徐欢欢（女）

财政局

局　长　景　刚

副局长　母贤春

　　　　胡　倩（女）

城乡统筹局

局　长　林　竹（女）

副局长　郑小东

　　　　姚亚林

社会事业发展局（食品药品监督管理局）

局　长　郑　平（2016 年 1 月前）

　　　　马丽春（女，2016 年 1 月后）

副局长　马丽春（女，2016 年 1 月前）

　　　　何　苏

　　　　邓　云

　　　　彭树森

社会管理办公室

局　长　陶　坚

副局长　刘　建

市城市管理行政执法局经开区分局

局　长　管培林

副局长　夏　云

　　　　邓　猛（2016 年 12 月前）

群团组织

总工会

主　席　张治冬

常务副主席　鲍久益

妇工委

妇工委　杨力苏（女）

团工委

书　记　陈镜蔚（女）

区直事业单位

宣传文化服务中心

主　任　张　丽（女）

副主任　夏　宁

产业化服务中心

主　任　郭维巍

副主任　谭　源

劳动保障服务中心

主　任　杨　涛（女，2016年1月前）

　　　　王　宁（女，2016年1月后）

副主任　王　宁（女，2016年1月前）

财政评审中心

主　任　王　媒（女）

副主任　母贤春（2016年1月前）

　　　　周　迅（2016年5月后）

动物疫病预防控制中心

主　任　杨　青

三江工程枢纽管理处

（根据绵编发〔2016〕19号要求，与绵阳市城区河道管理局整合设立绵阳市河道管理局而解散）

主　任　黄政民（因机构合并解散自然免除）

副主任　蒲晓雄（因机构合并解散自然免除）

市政环境绿化维护中心

主　任　熊小枫

副主任　文　波

人口与计划生育服务中心

（根据绵编发〔2016〕17号撤销）

主　任　赵昌国（因机构撤销自然免除）

■ 镇、街道

塘汛镇党委、政府

镇党委书记　何　铭

党委副书记、镇长　赵　军

镇人大主席　邹　敏（2016年5月前）

　　　　　　吴贵元（2016年5月后）

党委副书记、纪委书记　梁　会（女）

副镇长　赖丽萍（女）

　　　　张　军（2016年5月后）

　　　　罗运全

武装部部长、副镇长

　　　　钟　旭（2016年5月后）

组织委员

　　　　程　兵（2016年5月后）

松垭镇党委、政府

党委书记　朱　均

党委副书记、镇长

　　　　毕朝旭（2016年5月前）

　　　　邹　敏（2016年5月后）

镇人大主席　邓　勇（2016年5月前）

　　　　毕朝旭（2016年5月后）

党委副书记、镇长　雷光红

副镇长、武装部部长　李华平

副镇长　程　伟

　　　　谢　剑（女）

　　　　梁晓龙

组织委员　王晓芳（女，2016年5月后）

城南街道党工委、办事处

党工委书记　向新生

副书记、办事处主任　侯　军

副书记　黄金平

办事处副主任　吴　聪

　　　　杨天宝

武装部部长、办事处副主任　黄大军

纪工委书记　张　军（2016年5月前）

　　　　郑　景（女，2016年5月后）

■ 区直企业

经开投控公司

董事长　李　正

总经理　童　彪

副总经理　袁志钦

达坤公司

董事长、总经理　汪昊怀

副总经理　张　莉（女）

　　　　　江　蓉（女）

　　　　　周旭东

财务总监　赵琴梅（女）

驻区单位

城南公安分局

局　长　黄海军（2016年10月前）

　　　　王　勇（2016年10月后）

政　委　王　勇（2016年10月前）

副局长　张　勇

　　　　李　勇

　　　　饶明亮

指挥中心主任　任　军

区司法所

司法所所长　喻俊尧

农科区司法所所长　严　华（女）

经开区司法所副所长　蒋雪琴（女）

区国税局

局　长　徐德全

副局长　何　静（女）

顾诚中

地税三分局

局　长　谢兴荣

副局长　唐　林

　　　　代锦东

　　　　何　坚（2016年4月后）

城南国土分局

局　长　李振华（女）

副局长　史振华

纪检组组长　赵刘宜

城南规划分局

局　长　刘　琴

区工商分局

局　长　姜茂林

副局长　曹　和

　　　　龚　洁

　　　　闫石泉

区消防大队

负责人　刘春兵

交警五大队

大队长　何　龙

教导员　王　勇

副大队长　夏　超

　　　　　袁　晶

综合办主任　张鑫维

南山 公园

索　引

Index

索引说明

一、本索引是《绵阳经济技术开发区年鉴（2017）》的主题词内容分析索引。正文（包括条目、文中所有图片、表格）中凡具有独立检索意义的完整资料，都可以通过本索引进行检索，概述、概况不作检索内容。

二、索引按照汉字拼音字母（同音字按声调）顺序排列，类目、分目作为索引款目，以黑体字排印，其余用宋体字排印。表格、图片（含示意图）在其款后分别注明“表”“图”。

三、索引款目后的数字内容表示所在的页码。

四、内容有交叉的款目，为方便读者检索，在本索引中重复出现的相同款目，不同单位，退两格排列。

D

Y

Z

图表汇总